바구서 경싸 ①

컴퓨터의 구조와 기초 #1

내 방에서
컴퓨터과학
전공하기

글·그림 PikiDaddy

생각
사탕

『방구석 컴싸』를 추천해 주신 분들

기계과에서 numerical methods, numerical algorithm들을 가르치다 보면
자료구조도 다루게 되는데, 컴퓨터를 잘 모르는 학생들에게는
integer, unsigned integer, floating point, single precision, double precision 등의 개념을
가르치는 게 쉽지가 않습니다.
이런 식으로 쉽게 접근하면 학생들이 훨씬 수월하게 이해할 수 있겠습니다. 재미있습니다.

University of Memphis 이용훈 교수님

컴퓨터 기초 지식과 배경을 알면 코딩 실력 향상에 큰 도움이 됩니다.
또 중도에 포기하지 않고 지속해 나갈 수 있는 힘이 되기도 하지요.
책은 쉽고 귀엽지만 내용은 결코 가볍지 않아요.
코딩이 어려운 학생들에게는 단비 같은 책이 될 것입니다.

세종 과학고등학교 이은주 선생님

인스타그램에서 우연히 접한 후 빅팬이 되었습니다.
나에게는 "알아두면 쓸 데 있는 신비한 컴퓨터 잡학 사전"이랄까요.
프로그래밍에 대한 애정과 그 종사자에 대한 존경심을 바탕으로 이해하기 쉽고
위트 있게 쓰인 글과 그림이 코딩 입문자뿐만 아니라
컴퓨터 비전공자들에게도 편안하고 재미있게 다가올 것이라 확신합니다.
교양서적으로도 충분히 읽을 가치가 있다고 생각하여 모두에게 추천하고 싶습니다.

서울시청 세무과 세무종합시스템 담당 김우성 주무관님

귀여운 그림과 쉬운 설명을 따라가다 보면 깊이 있는 지식이 차곡차곡 쌓입니다. 학교에서
코딩을 배우게 된 학생들이 프로그래밍과 친해지는 계기가 될 것입니다.

도일 초등학교 이수연 선생님

코딩을 하다 보면 남이 만들어놓은 레퍼런스 코드나 오픈 소스 등을 가져와
사용하게 되는데, 원리를 잘 모르면 소스를 가져다 사용할 뿐
그 이상의 실력을 쌓기는 어렵습니다.
프로그래밍에 필요한 기본 지식과 코딩 원리, 개발에 관한 여러 에피소드까지
알기 쉬운 친절한 이야기와 그림으로 설명하고 있어서 입문자들이
재미있게 따라갈 수 있는 책입니다.

프로그래밍에 관심이 생겨 전공 서적을 펼쳤지만 높은 벽을 느껴
책을 다시 덮었던 분, 무작정 코딩을 하고 있지만 어떻게 동작하는지
감을 잡을 수 없는 분들에게 추천합니다.
이 책을 통해서 원하는 결과물에 가까이 다가갈 수 있을 것이라 확신합니다.

세종 과학고등학교 이희영 선생님

딥 러닝, 데이터 분석, 인공 지능의 비약적인 발전으로 경영학과 학생들에게
프로그래밍 실력은 자신의 능력을 확대할 수 있는 중요한 요소가 되었습니다.

하지만 컴퓨터과학 전반의 지식을 쌓는 것은 쉬운 일이 아닙니다.
또한 개발 환경이 발전해서 과거에 비해 쉽게 프로그래밍을 할 수 있어
자칫 기본적인 원리를 모르고 접근할 수 있지요.
이 책은 두꺼운 전공 서적을 보는 부담을 크게 줄여주어
프로그래밍을 공부하는 학생들에게 큰 도움이 될 것입니다.

KAIST 경영대학 (IT경영전공) 조대곤 교수님

감사합니다!

1

Hello, World!

도대체 뭘 하고 있는지 모르겠어요

개발 환경을 갖추고자 이것저것 잔뜩 설치하고 첫 코드를 넣습니다.

print ("Hello, World!")

모니터에 출력된 "Hello, World!" 아래로 망망대해 같은 빈 공간이 펼쳐집니다.

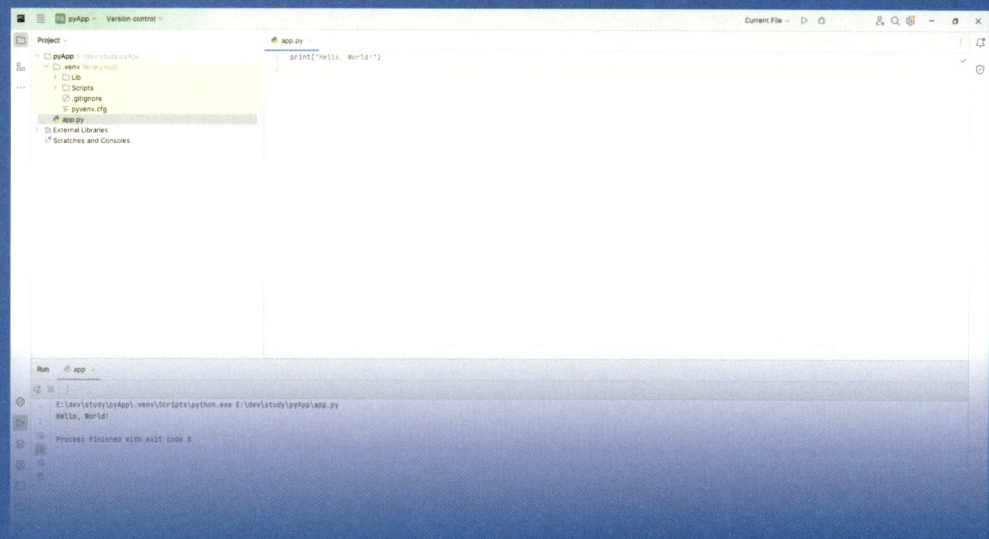

몇 년 전 마인크래프트 게임에 처음 발 디뎠을 때가 생각나네요.
거대한 공간에 곡괭이 하나 들고 서 있던 내 캐릭터.
두리번거리다가 발밑의 흙을 몇 개 부수고는 뭐 이런 게임이 다 있냐며 그냥 나왔죠.

마인크래프트가 재미있어진 건 한참 후였습니다.

어느 날 초등학생 아들이 같이 하자고 하면서
이 게임을 즐기려면 무엇을 설치해야 하는지, 무엇부터 해야 하는지
무엇을 할 수 있는지
전반적으로 쭉 알려주었거든요.

컴퓨터의 구조와 기초를 알면
코딩이 재미있어집니다

망망대해 같은 코딩 창에 코드 몇 줄을 손에 쥔 코딩 입문자 분들은
몇 년 전 곡괭이를 들고 마인크래프트 게임 안에 서 있던
제 모습을 연상시킵니다.

코딩 책을 보며 코드를 넣어보지만
이 코드가 왜 작동하는지, 무엇을 해야 하고 왜 해야 하는지 잘 모르는 상태라면
몇 차례 시도하다가 흥미를 잃고 이내 그만두고 싶어질지도 모릅니다.

저처럼 곡괭이를 몇 번 휘두르고 나와버리는 일이
일어나지 않기를 바라는 마음으로,

코딩이 재미있어지려면
무엇을 알아야 하는지, 어떤 것을 왜 설치해야 하는지, 무엇을 할 수 있는지
전반적인 내용을 들려드릴까 합니다.

아들에게 동화책을 읽어주듯, 쉽고 재미있게 하나씩 이야기를
풀어놓아 보겠습니다.

하드웨어부터 소프트웨어까지 한 부분씩 아주 쉽게 다뤄볼 거예요.
천천히 읽다 보면 '아 그래서 이렇게 했던 거구나', '재밌다.' 하는 순간들이
많아질 겁니다.

이제, 방구석에 모여앉아 컴퓨터 이야기를 시작해볼까요.

몰라두기

> C언어에서는 "큰 따옴표"는 문자열에, '작은 따옴표'는 문자에 사용합니다.
> 예시) "ABC" / 'A', 'B', 'C'
> 이 책에서는 따옴표를 표기할 때 국문법을 따르지 않고
> C언어에서 사용하는 방식으로 표기했음을 알려둡니다.

〈방구석 컴싸〉의 인스타그램
@myroom_cs

새로운 글이 계속 올라오고 있어요.
〈방구석 컴싸〉를
팔로우하고 함께 공부해요.

MYROOM_CS

차례

『방구석 컴싸』를 추천해 주신 분들 • 002

Hello World! • 004
0과 1의 세계 • 010
숫자의 규칙 • 013
열 손가락으로 1023까지 셀 수 있다고? feat. 이진수 • 016

컴퓨터 안에서 수백억 개의 전구가 깜빡인다고? feat. 트랜지스터 • 021
64개의 전구로 1844경 개의 정보를 담을 수 있다고? feat. 경우의 수 • 025
이렇게 허접한 게 메모리칩이라고? • 029

0000 1111 1111 1011 0100 → 이게 "APPLE"이라고? • 032
영어만 할 줄 아는 ASCII 코드 • 036
\ 와 ₩ 이 같은 글자라고? 아스키코드에 관한 재미있는 사실들 • 040

코드 한 줄로 개발자 되기 #1 `int number = 1030 + 204;` • 045
코드 한 줄로 개발자 되기 #2 `int number = 1030 + 204;` • 049

개발자 이야기 개발자가 보람찬 이유 • 054

4비트 메모리로 그림을 그리면? • 057
컴퓨터에 1677만 개의 물감이 있다고? • 061
컴퓨터가 색상을 만드는 방법 • 064
사진은 어떻게 화면에 그려질까? RGB에 관한 좀 더 자세한 설명 • 068

"A B C D E F"가 숫자라고? feat. 16진수 • 073
이진수보다 16진수가 좋다고? • 078

코드 한 줄로 개발자 되기 #3 `result=result+300;` • 084
코드 한 줄로 개발자 되기 #4 `JDoodle.com` • 089

`개발자 이야기` 어떤 언어를 선택해야 할까요 • 095

컴퓨터가 음수(-)를 모른다고? • 102
수를 도와주는 수? feat. 보수 • 108

0001이 1111이 되려면 feat. 1의 보수 • 112
111111 → 1들! 1(들)의 보수 feat. 1의 보수의 단점 • 117

단점이 없는 2의 보수 • 123
2의 보수 구하기 두 번째 방법 • 128

코드 한 줄로 개발자 되기 #5 feat. 오버플로우 • 132
코드 한 줄로 개발자 되기 #6 feat. 정수형 변수 타입 `[unsigned int]` • 137

`개발자 이야기` 2의 보수를 최초로 제안한 인물은? • 144
`개발자 이야기` 강남스타일 조회수가 마이너스라고? feat. 오버플로우 사례 #1 • 149
`개발자 이야기` 2038년에 문제가 터진다고? feat. 오버플로우 사례 #2 • 153

모든 지구인에게 똑같은 시간, 유닉스 타임스탬프 • 158

`마치며` 아빠와 아들의 코딩 이야기 • 166

출처 • 169
찾아보기 • 170

2
0과 1의 세계

- 컴퓨터는 0과 1밖에 몰라요
- 왜 0과 1만 알아듣는 거죠?

컴퓨터는 0과 1밖에 몰라요

컴퓨터는 0과 1 두 가지 기호만을 이해할 수 있습니다.

머신 코드 Machine Code
라고 하지요.

우리가
C++, 파이썬, 자바 등의
프로그래밍 언어로
코딩을 해도

컴퓨터는
바로 알아듣지 못해요.

컴파일러 또는
인터프리터라는
소프트웨어의 도움을 받아
0과 1로 된
머신 코드로 변환해야

컴퓨터가 우리의 명령을
이해할 수 있지요.

왜 0과 1만 알아듣는 거죠?

왜 컴퓨터는 0과 1만 알아듣는 걸까요?
0과 1만을 이용해서 어떻게 그렇게 많은 정보를 주고받는 걸까요?

앞으로 여기에 대해서 하나씩 다뤄보려 합니다.
이진수와 16진수, 트랜지스터, RAM(메모리칩)에 대한
이야기가 될 거예요.

3

숫자의 규칙

자리추가 ↗

9 +1 → □9 → 10

- 기호와 자릿수
- 進法 나아갈 진, 법 법
- 십진수는 10개의 기호를 사용합니다

기호와 자릿수

숫자는 크게 두 가지 규칙으로 표현합니다.

1) 주어진 기호를 사용한다.
2) 기호가 부족하면 왼쪽으로 자리를 추가한다.

이 두 가지 규칙으로 우리는 무한 개의 수를 표현할 수 있어요.

進法 나아갈 진, 법 법

진법은 "앞으로 나아가는 방법"이라는 의미입니다.

십진법은 "10개의 기호로 숫자를 세어나가는 방법"이에요.

이러한 진법에 따라 만든 수를
나아갈 진(進)에 셈 수(數)자를 붙여 "진수"라고 합니다.

십진법으로 만든 수는 십진수지요.

십진수는 10개의 기호를 사용합니다

우리에게 익숙한 십진수의 규칙이에요.

1) 0부터 9까지 10개의 기호를 사용하고

사용할 수 있는 기호
0 1 2 3 4 5 6 7 8 9

2) 0에서 9까지 세어나가다가 더 이상 사용할 기호가 없으면 왼쪽으로 자리를 추가한다.

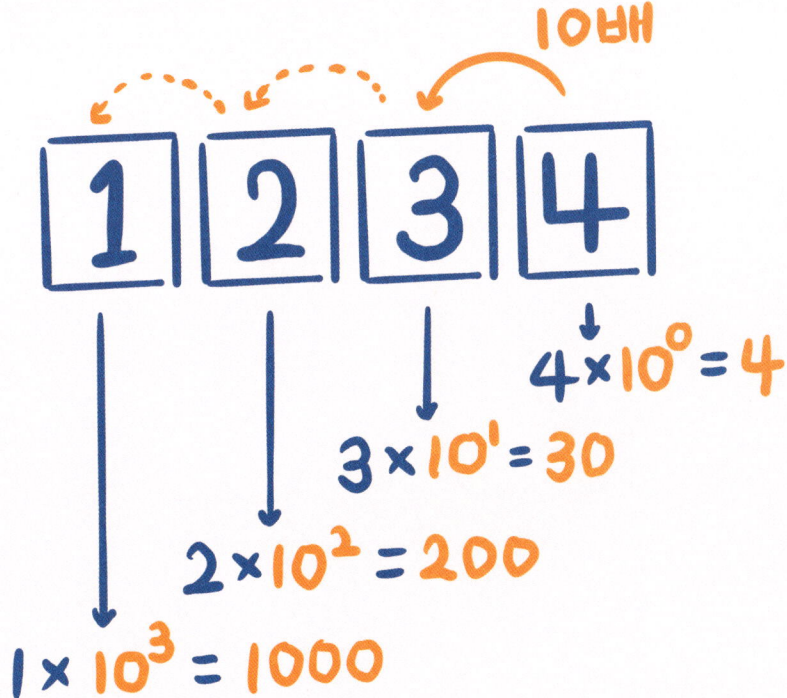

3) 왼쪽으로 자리를 추가할 때마다 수의 크기는 10배씩 증가한다.

2^2
"열 손가락"으로 1023까지 셀 수 있다고? feat. 이진수

- 이진수의 규칙도 십진수와 같아요
- 이진수는 2개의 기호를 사용합니다
- 이진수의 덧셈
- 이진수와 십진수를 비교해 봅시다
- 열 손가락으로 1023까지 셀 수 있어요

이진수의 규칙도 십진수와 같아요

이진법은 "2개의 기호로 숫자를 세어나가는 방법"이에요.
이진법으로 만든 수를 이진수라고 하지요.

이진수는 2개의 기호를 사용합니다

1) 0부터 1까지 2개의 기호를 사용하고

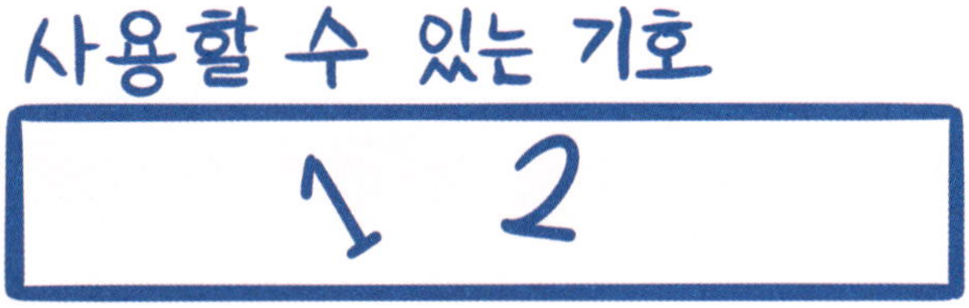

사용할 수 있는 기호
| 1 2 |

2) 0에서 1까지 세어나가다가 더 이상 사용할 기호가 없으면 왼쪽으로 자리를 추가한다.

↗ 자리추가

$\boxed{1}$ + 1 → $\boxed{}\boxed{1}$ → $\boxed{1}\boxed{0}$

3) 왼쪽으로 자리를 추가할 때마다 수의 크기는 2배씩 증가한다.

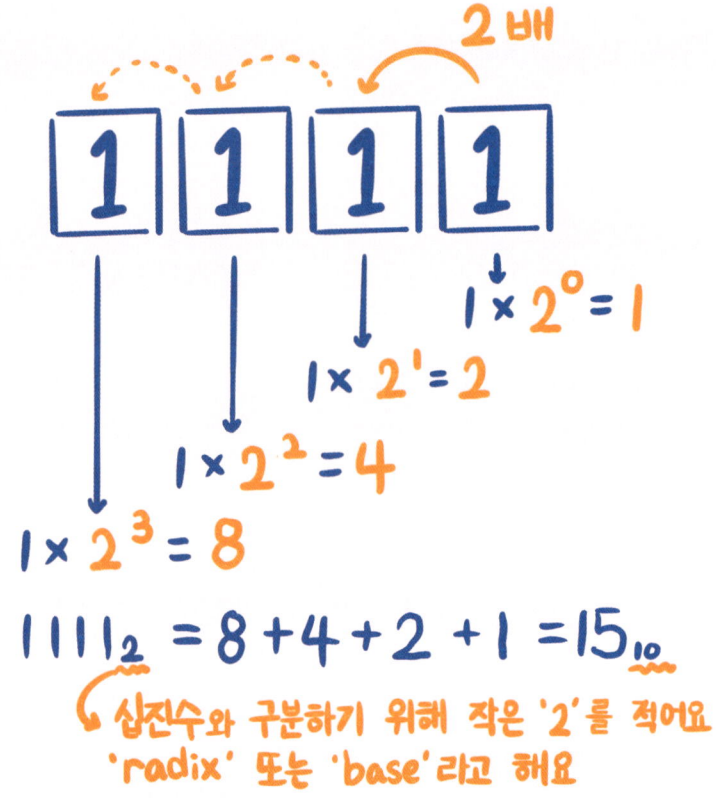

이진수의 덧셈

이진법에서는 1에 1을 더하면 바로 한 자릿수를 올려서 10이 되지요.
이진수에는 '2'라는 기호가 없으니까요.

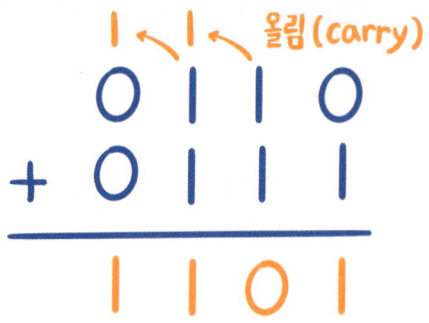

* 프로그래밍을 하다보면 종종 이진수를 접하게 되므로 이진수의 덧셈을 익혀두면 좋아요.

이진수와 십진수를 비교해봅시다

이진수	십진수
0000	0
0001	1
0010	2
0011	3
0100	4
0101	5
0110	6
0111	7
1000	8
1001	9
1010	10
1011	11
1100	12
1101	13
1110	14
1111	15

열 손가락으로 1023까지 셀 수 있어요

손가락을 접으면 0, 펴면 1 이에요.

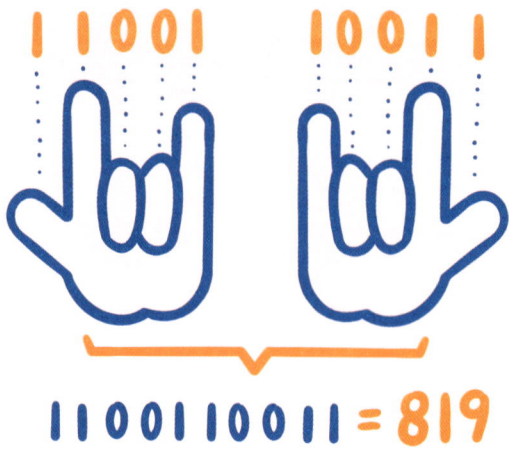

손가락을 모두 접으면 0000000000, 십진수로 0,
손가락을 모두 펴면 1111111111, 십진수로 1023이 됩니다.

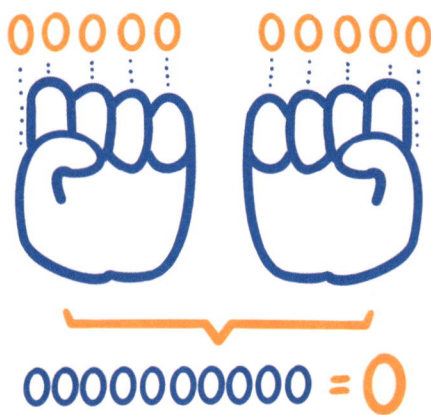

5

컴퓨터 안에서 수백억 개의 전구가 깜빡인다고?

feat. 트랜지스터

- 존 바딘, 월터 브래튼, 윌리엄 쇼클리
- 0과 1을 표현할 수 있는 트랜지스터
- 트랜지스터 1개 = 이진수 한 자리
- 컴퓨터 CPU에는 300억 개가 넘는 트랜지스터가 깜빡이고 있어요

존 바딘, 월터 브래튼, 윌리엄 쇼클리

1947년 미국 벨 연구소의 세 과학자가 트랜지스터를 발명합니다.
그들은 이 업적으로 1956년 나란히 노벨 물리학상을 받았어요.

이분들 덕분에 우리가 냉장고, 전기밥솥 등 온갖 전자 제품부터 컴퓨터, 스마트폰까지 편리하게 누리고 있는 것이죠.

0과 1을 표현할 수 있는 트랜지스터

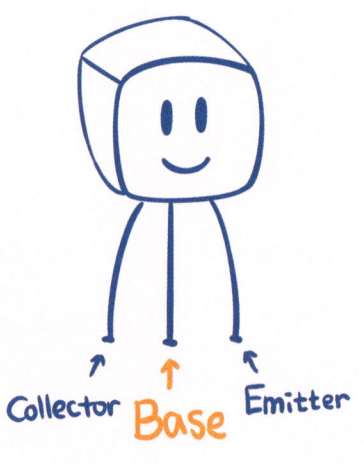

트랜지스터에는 다리가 3개 달려 있는데
Base에 전압을 어떻게 넣느냐에 따라
전기가 흐르게 또는 흐르지 않게 할 수 있어요.

여기에 규칙을 하나 만들어요.

전기가 흐르면 1
흐르지 않으면 0

트랜지스터 1개 = 이진수 한 자리

트랜지스터 1개를 갖는다는 것은 하나의 기억 공간을 갖는다는 것이고 그 공간에는 '0'이나 '1'을 담을 수 있습니다.

즉 트랜지스터 1개는 이진수의 한 자리로 이용할 수 있어요.

이것이 컴퓨터가 0과 1만 알아듣는 이유입니다.

컴퓨터 안에서 트랜지스터가 전기 신호를 받아 꺼짐(0), 켜짐(1) 두 가지 상태만을 표현하기 때문이죠.

트랜지스터 4개를 이어 붙이면
4자리의 이진수를 만들 수 있지요.

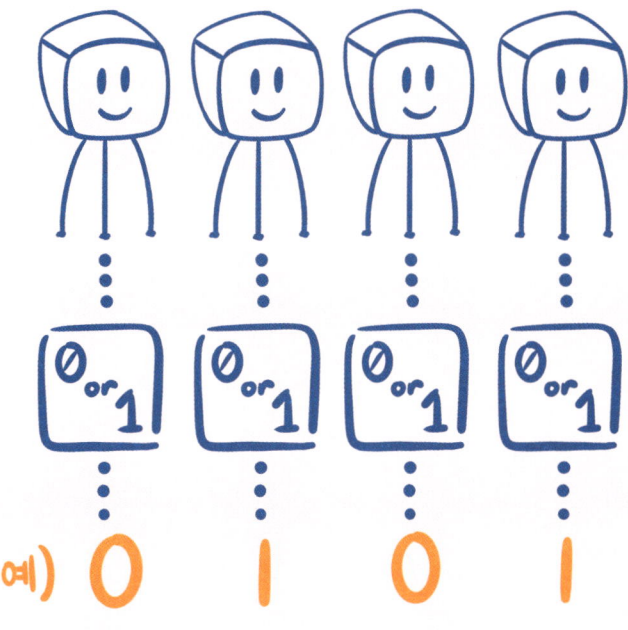

컴퓨터 CPU에는 300억 개가 넘는 트랜지스터가 깜빡이고 있어요

우리가 오늘도 사용하는 스마트 기기에서도 트랜지스터들은 켜졌다 꺼졌다를 반복하며 정보를 처리하고 있습니다.
애플에서 공개한 최신 CPU에는 370~920억 개의 트랜지스터가 들어 있어요.

트랜지스터 하나의 크기는 대략 10nm입니다.
물리적인 한계에 다다랐다는 이야기가 나올 만큼 작은 크기예요.

* 1 nm(nano meter) : 일반적인 종이 두께의 1/100,000 크기

가로 세로 5cm 정도 크기에 수백억 개의 트랜지스터라니
얼마나 작은지 상상조차 할 수 없네요!

6

64개의 전구로 1844경 개의 정보를 담을 수 있다고?

feat. 경우의 수

- 전구 2개로 나타낼 수 있는 상태는 4가지예요
- 전구가 4개면?
- 전구 N개로 나타낼 수 있는 경우의 수는 2의 N승으로 구할 수 있어요
- 전구 = 트랜지스터

전구 2개로 나타낼 수 있는 상태는 4가지예요

전구 2개는 **2자리 이진수**와 같아요.
(0, 0) (0, 1) (1, 0) (1, 1) **4가지 상태**를 표현할 수 있어요.

1) 모두 꺼졌을 때

2) 오른쪽만 켜졌을 때

3) 왼쪽만 켜졌을 때

4) 모두 켜졌을 때

전구가 4개면?

전구 4개는 **4자리 이진수**와 같겠죠? 총 **16가지** 다른 상태를 표현할 수 있습니다.

(0000) (0001) (0010) (0011)
(0100) (0101) (0110) (0111)
(1000) (1001) (1010) (1011)
(1100) (1101) (1110) (1111)

전구 N개로 나타낼 수 있는 경우의 수는 2의 N승으로 구할 수 있어요

밑수 : 이진수(전구 1개)의 경우의 수.
→ 이진수는 0 또는 1 두 가지 경우이므로 밑수가 2예요.

* 십진수라면 0~9까지 열 가지 경우이므로
밑수가 10이죠.

지수 : 전구의 수.
→ 전구가 2개면 지수도 2, 전구가 4개면 지수도 4예요.

전구가 2개일 때
$$2^2 = 4$$

전구가 4개일 때
$$2^4 = 16$$

전구가 2개일 때는 4가지 경우의 수, 전구가 4개일 때는 16가지 경우의 수를 가집니다. 전구가 8개면 "2의 8승"으로 256가지, 16개면 "2의 16승"으로 65536가지가 되죠.

전구가 64개면 "2의 64승"으로 무려 18,446,744,073,709,551,616가지입니다.
1800경이 넘는 경우의 수를 나타낼 수 있어요.

$$2^{64} = 18,446,744,073,709,551,616$$

전구 = 트랜지스터

쉽게 이해하기 위해 전구로 이야기했는데
사실 **트랜지스터**를 말하려고 했던 거예요.

트랜지스터가 많아질수록 기억할 수 있는 정보의 양이
급격하게 늘어난다는 것을 이해하면 충분해요!

이것이 컴퓨터가 0과 1만을 이용해서 수많은 정보를 처리할 수 있는 이유입니다.

컴퓨터 안에는 수없이 많은 트랜지스터가 있기 때문에
표현할 수 있는 경우의 수가 엄청나게 많아요.

단 **64개**의 트랜지스터만으로도 1800경 개가 넘는 정보를 담을 수 있는데,
컴퓨터 CPU에는 트랜지스터가 **300억 개** 넘게 있으니
얼마나 많은 정보를 다룰 수 있는지 상상이 되나요?

7

이렇게 허접한 게 메모리칩이라고?

- 컴퓨터 정보의 기본 단위 비트
- 메모리칩이 생겼어요
- 이걸로 무얼 할 수 있나요?
- 규칙을 정하면 됩니다

컴퓨터 정보의 기본 단위 **비트**

비트bit는 Binary Digit을 줄여서 만든 단어예요.

컴퓨터에서 사용하는 가장 작은 정보 단위입니다.
1개의 트랜지스터는 **1비트**로 간단하게 표기할 수 있어요.

메모리칩이 생겼어요

트랜지스터 4개를 회로 기판에 꽂으면 **4비트 용량의 메모리칩**이 됩니다.
허접해 보이지만 이게 바로 우리가 만든 메모리칩이에요.

이제 0 1 0 1 같은 4개의 이진수를 저장할 수 있게 됐어요.

이걸로 무얼 할 수 있나요?

지금까지 우리는 트랜지스터 4개를 0000(0)과 1111(15) 사이의 숫자로만 생각했어요.
하지만 새로운 규칙을 만들면 문자, 그림, 음악 등 다양한 목적으로 활용할 수 있답니다.

규칙을 정하면 됩니다

이진수를 어떻게 사용할지 규칙을 정하고 활용하는 것은 우리들 마음이에요.
이진수 0101은 십진수 5가 될 수도 있고 5번째 색상이 될 수도 있고
5번째 알파벳 문자가 될 수도 있습니다.
소리로 사용하고 싶나요? 그렇다면 5번째 음이 될 수도 있습니다.

모든 건 내 맘!

2^3

0000 1111 1111 1011 0100

이게 "APPLE"이라고?

- 알파벳에 대한 규칙을 만들어볼까요
- 문자 코드표가 완성되었어요!
- 4비트로는 'P'까지만 가능해요

알파벳에 대한 규칙을 만들어볼까요

우리가 만든 4비트 메모리칩을 활용해 볼까요.

이진수를 알파벳으로 활용하기 위해서는 규칙을 정해야 해요.

0000을 A라고 정합니다.
0001은 B, 0010은 C…
마지막 1111은 P가 됩니다.

문자 코드표가 완성되었어요!

4비트 메모리	알파벳	4비트 메모리	알파벳
0000	A	1000	I
0001	B	1001	J
0010	C	1010	K
0011	D	1011	L
0100	E	1100	M
0101	F	1101	N
0110	G	1110	O
0111	H	1111	P

이제 4비트의 이진수들을 알파벳으로 활용할 수 있어요.

아래와 같은 이진수가 메모리에 적혀 있다고 해봅시다.
누군가 이 숫자들을 본다면 암호처럼 느껴지겠죠?

그러나 우리가 만든 문자 코드표를 보면 "APPLE"이라고 읽을 수 있지요.

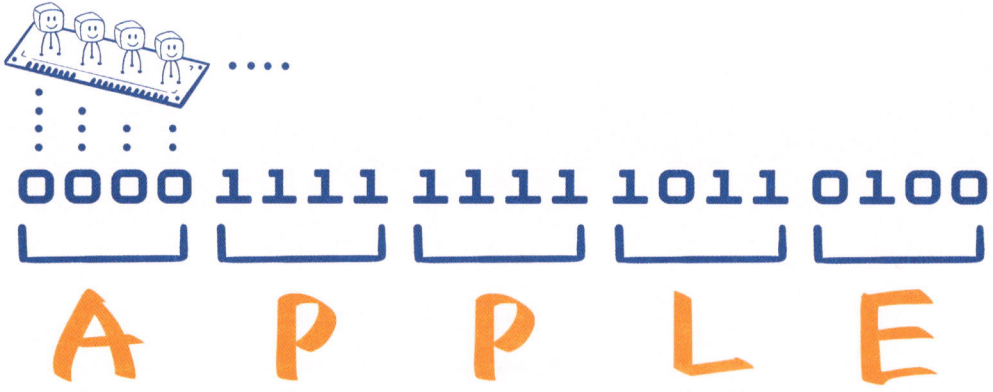

4비트로는 'P'까지만 가능해요

자, 아주 간단하게 규칙을 정해봤습니다.
4비트 메모리칩은 16가지 경우의 수를 가지기 때문에
A부터 P까지만 규칙을 정할 수 있었죠.
하지만 우리는 대문자, 소문자, 숫자, 특수 문자 등 훨씬 더 많은 규칙이 필요해요.

그럼 실제 컴퓨터에서는 어떻게 규칙을 정했을까요?

바로 "아스키코드ASCII Code"입니다.
아스키코드에 대해서는 다음 장에서 좀 더 자세히 알아봐요.

코드표가 없으면 컴퓨터에게는 그저 이진수일 뿐이에요.

9

영어만 할 줄 아는 아스키코드

- 128가지 규칙이 필요해요
- 아스키코드
- 8비트 아스키코드
- 유니코드

128가지 규칙이 필요해요

앞서 우리는 4비트 메모리칩을 위해 16가지 규칙을 담은 아주 간단한 문자 코드표를 만들었어요. 실제 컴퓨터에서는 훨씬 많은 규칙이 필요합니다.

> 숫자: 10개 (0~9)　　　　　알파벳 대문자: 26개 (A~Z)
> 알파벳 소문자: 26개 (a~z)　제어 문자 및 특수 문자: 66개

총 128개 규칙이 있어야 해요.
128은 2의 7승이므로 7비트가 필요하네요.

$$2^7 = 128$$

아스키코드

그래서 오래전 미국의 ASA(미국 표준협회, 현 ANSI)에서는 7비트 크기의 코드표를 만들었어요. 바로 아스키코드ASCII Code입니다.

1963년 첫 번째 버전이 나왔고, 이후로 여러 차례 수정을 거쳐 1986년에 마지막으로 업데이트되었죠.

8비트 아스키코드

아스키코드는 후에 8비트로 확장되었어요.

사람들은 10, 100, 1000…과 같이 10단위로 계산하는 것을 선호하지만 컴퓨터는 2, 4, 8, 16…과 같이 2의 N승으로 계산하는 것을 선호하기 때문에 메모리칩을 8비트 단위로 나눠 사용하게 되었죠.

그래서 자연스럽게 아스키코드를 7비트에서 8비트로 확장하게 되었습니다.

실제로 사용하는 아스키코드표는 아래와 같습니다.
01000001은 A, 01100001은 a, 00111000은 숫자 8이네요.

십진수	이진수	문자	십진수	이진수	문자	십진수	이진수	문자	십진수	이진수	문자
0	00000000	NUL	32	00100000	SP	64	01830000	@	96	01100000	`
1	00000001	SOH	33	00100001	!	65	01000001	A	97	01100001	a
2	00000010	STX	34	00100010	"	66	01000010	B	98	01100010	b
3	00000011	ETX	35	00100011	#	67	01000011	C	99	01100011	c
4	00000100	EOT	36	00100100	$	68	01000100	D	100	01100100	d
5	00000101	ENQ	37	00100101	%	69	01000101	E	101	01100101	e
6	00000110	ACK	38	00100110	&	70	01000110	F	102	01100110	f
7	00000111	BEL	39	00100111	'	71	01000111	G	103	01100111	g
8	00001000	BS	40	00101000	(	72	01001000	H	104	01101000	h
9	00001001	HT	41	00101001	)	73	01001001	I	105	01101001	i
10	00001010	LF	42	00101010	*	74	01001010	J	106	01101010	j
11	00001011	VT	43	00101011	+	75	01001011	K	107	01101011	k
12	00001100	FF	44	00101100	,	76	01001100	L	108	01101100	l
13	00001101	CR	45	00101101	-	77	01001101	M	109	01101101	m
14	00001110	SO	46	00101110	.	78	01001110	N	110	01101110	n
15	00001111	SI	47	00101111	/	79	01001111	O	111	01101111	o
16	00010000	DLE	48	00110000	0	80	01010000	P	112	01110000	p
17	00010001	DC1	49	00110001	1	81	01010001	Q	113	01110001	q
18	00010010	DC2	50	00110010	2	82	01010010	R	114	01110010	r
19	00010011	DC3	51	00110011	3	83	01010011	S	115	01110011	s
20	00010100	DC4	52	00110100	4	84	01010100	T	116	01110100	t
21	00010101	NAK	53	00110101	5	85	01010101	U	117	01110101	u
22	00010110	SYN	54	00110110	6	86	01010110	V	118	01110110	v
23	00010111	ETB	55	00110111	7	87	01010111	W	119	01110111	w
24	00011000	CAN	56	00111000	8	88	01011000	X	120	01111000	x
25	00011001	EM	57	00111001	9	89	01011001	Y	121	01111001	y
26	00011010	SUB	58	00111010	:	90	01011010	Z	122	01111010	z
27	00011011	ESC	59	00111011	;	91	01011011	[	123	01111011	{
28	00011100	FS	60	00111100	<	92	01011100	\	124	01111100	|
29	00011101	GS	61	00111101	=	93	01011101	]	125	01111101	}
30	00011110	RS	62	00111110	>	94	01011110	^	126	01111110	~
31	00011111	US	63	00111111	?	95	01011111	_	127	01111111	DEL

그런데 아스키코드로는 영어만 표현할 수 있기 때문에
이후로 다양한 언어와 기호를 포함시키기 위해
16비트 이상의 크기를 갖는 유니코드Unicode 등이 만들어졌습니다.

아스키코드만 있었다면 우리는 지금 컴퓨터에서 한글을 사용하지 못했을 거예요.

요즘에는 드물지만 한글을 적을 수 없는 웹페이지나 프로그램도 있답니다.
한글을 위한 유니코드를 지원하지 않는 경우이지요.

서로 코드가 맞지 않으면 글자가 깨져서 나와요.

10

\ 와 ₩이 같은 글자라고?
아스키코드에 관한 재미있는 사실들

 또는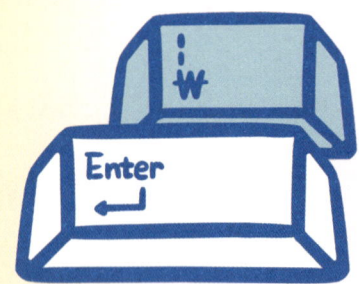

- 빈칸도 문자예요
- 우리나라만 '₩(원)'으로 써요
- 바코드에 아스키코드를 사용해요
- 아스키 문자로 그림을 그려요
- 코드표에 '32' 규칙이 있어요

빈칸도 문자예요

키보드의 스페이스바를 누르면
공백이 생기죠?

이 공백도 사실 문자예요.
공백 문자, 영어로는 Space 또는
White space라고 합니다.

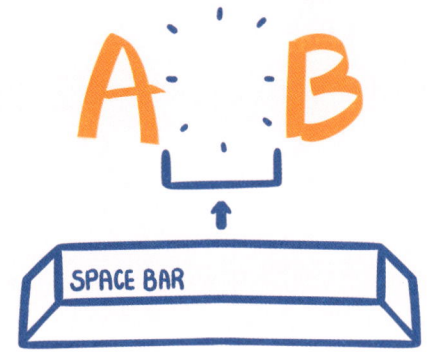

공백문자의 아스키코드

32_{10} = $0000\ 0000_2$
(십진수)   (이진수)

아스키코드 32에 해당하며,
다른 문자와 똑같이
8비트의 메모리를 차지해요.

우리나라만 '₩(원)'으로 써요

엔터 키 바로 위에 있는 백슬래시(\) 키를 눌러보세요.

\ 기호가 아닌 ₩ 기호가 표시되죠?

아스키코드 92에
해당하는 기호예요.

백슬래시 버튼
(Backslash)

키보드에는 $(달러) 기호밖에 없기 때문에 (미국은 편하겠죠?)
우리는 ＼ 키를 ₩ 키로 바꿔서 사용합니다.
아스키코드는 같지만 화면에 표시되는 모양은 달라요.

* 키보드에 따라 ＼ 가 아닌 ₩ 으로 표시하기도 해요.
집에 있는 키보드를 한번 확인해 보세요.

* 사실 이것은 키보드 때문이 아니라 폰트 때문이에요. 폰트에 따라 ＼ 가 표시되기도 하고 ₩ 이 표시되기도 하지요.

바코드에 아스키코드를 사용해요

마트에서 파는 과자 봉지에 인쇄되어 있는 바코드도 아스키코드를 사용해요.
아래 그림은 "CS in My Room"이라는 문장을 바코드로 만든 거예요.

아스키 문자로 그림을 그려요

아스키 문자로 그림을 그릴 수 있어요. 아스키 아트ASCII Art라고 합니다.
아래 사이트에 가면 그림이나 글자를 아스키 아트로 바꿔줘요.
https://www.asciiart.eu

트랜지 그림을 아스키 아트로 바꾼 모습이에요. 선 하나하나가 아스키 문자랍니다.

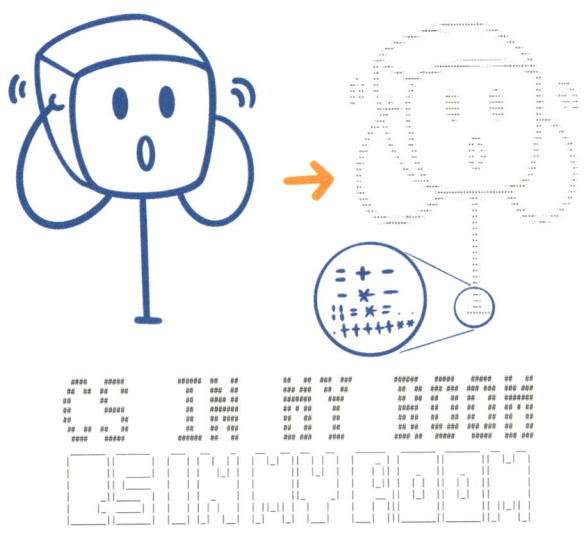

코드표에 32 규칙이 있어요

아스키코드표에서는 33부터 특수 문자가 시작('!')되고, 65는 대문자의 시작 ('A'), 97은 소문자의 시작 ('a')입니다.

모두 32만큼 차이가 나지요.

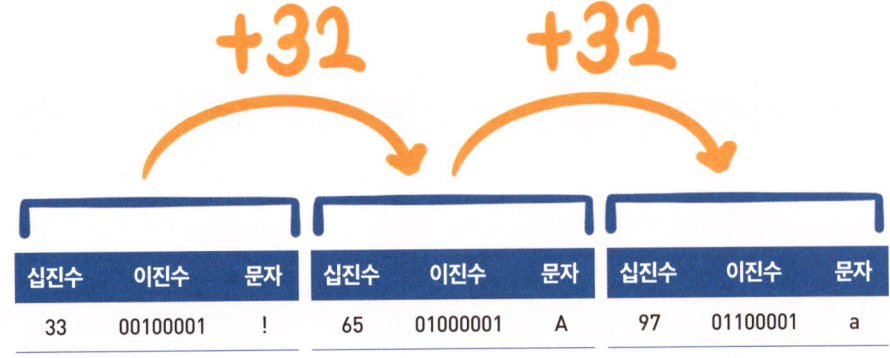

그래서, 대문자 A가 65라는 것만 알면

A에서 32를 뺀 33이 특수 문자의 시작,
A에서 32를 더한 97이 소문자 a의 시작임을 쉽게 알 수 있어요.

* 일반적으로 개발자들은 대문자 A가 65라는 사실을 기억하고 있어요.

"ABC"를 소문자로 바꾸는 기능을 만들 때
각각의 문자 코드에 32를 더해서 "abc"로 만들어요.

$$"ABC" \rightarrow \begin{array}{l} 'A' + 32 = 'a' \\ 'B' + 32 = 'b' \\ 'C' + 32 = 'c' \end{array} \rightarrow "abc"$$

반대로 abc를 대문자로 바꾸려면 32를 뺍니다.

$$"abc" \rightarrow \begin{array}{l} 'a' - 32 = 'A' \\ 'b' - 32 = 'B' \\ 'c' - 32 = 'C' \end{array} \rightarrow "ABC"$$

글자에 숫자를 더하거나 빼는 게 신기하지요?
컴퓨터에서는 문자도 이진수이기 때문에 문자에도 덧셈 뺄셈이 가능합니다.

11

`int number = 1030 + 204;`

코드 한 줄로 개발자 되기 #1

8bit = 1byte

- 먼저 바이트부터 알고 가요
- 한 줄 코딩을 해봅시다
- 데이터 타입
- 변수
- 연산자

먼저 바이트부터 알고 가요

비트bit는 너무 작은 단위여서 커다란 메모리를 이야기하기에 불편해요.

그래서 아스키코드를 모두 표현할 수 있고 컴퓨터 내부에서도 적당한 크기인 8비트를 하나로 묶어 이를 1바이트byte라고 정했어요.

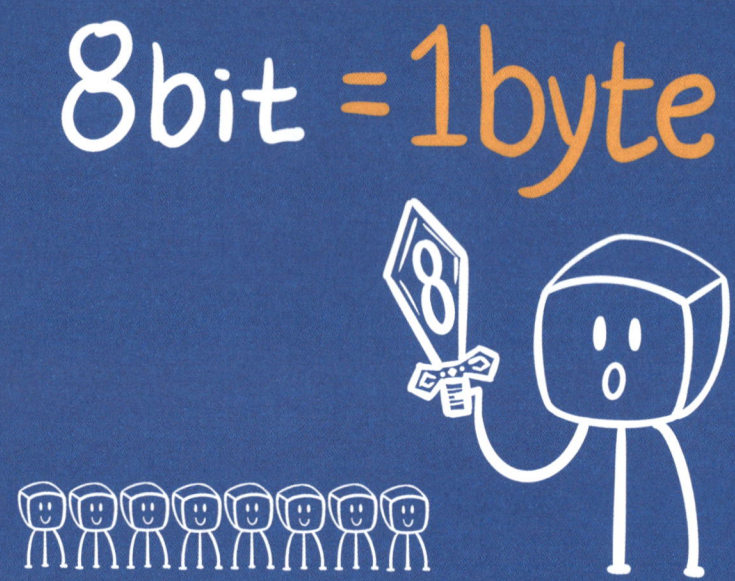

한 줄 코딩을 해봅시다

```
int number = 1030 + 204;
```

이렇게 입력해 봐요.
이 코드는 많은 프로그래밍 언어에서 동일하게 사용할 수 있어요.
C나 C++이라고 생각해도 되고 JAVA라고 생각해도 되죠.

단 한 줄이지만 재미있는 내용이 많아요.

데이터 타입

`int number = 1030 + 204;`

맨 앞에 있는 int는 integer(정수)의 줄임말이에요.

int를 입력하면 "나는 정수를 사용할 거야."라고 컴퓨터에게 명령하는 거예요.
명령을 받은 컴퓨터는 정수를 위한 메모리 공간(보통 4바이트)을 확보합니다.

변수

`int number = 1030 + 204;`

number는 변수의 이름, 변수명이라고 불러요.

변수란 "변하는 수"입니다.
컴퓨터가 확보해 준 4바이트 공간에 정수를 읽거나 쓰거나 하겠죠?
그때 사용할 별명이에요.

int는 정해진 규칙이라서 반드시 int로 적어야 하지만
number는 별명이라서 마음대로 바꿔도 됩니다.

* 예를 들면 number 대신 count로 바꿀 수 있어요.

`int count = 1030 + 204;`

연산자

```
int number = 1030 + 204;
```

우리는 보통 '=' 기호를 "같다"는 의미로 사용하죠.
컴퓨터에서는 "같다"는 의미로 '==' 이렇게 두 개를 적어요.

한 개의 '='은 할당 연산자Assignment Operator 또는 대입 연산자라고 해요.
보통 '=' 오른쪽의 값을 왼쪽의 변수에 넣어주는 기능을 합니다.

1030과 204 사이에 있는 '+'는 우리가 아는 그 "더하기" 맞아요.
'+'도 연산자예요.

12

`int number = 1030 + 204;`

코드 한 줄로 개발자 되기 #2

- 상수
- 눈을 감고 3 더하기 7을 해봐요
- 컴퓨터도 똑같아요
- 리터럴 상수
- 완벽하게 이해하기

상수

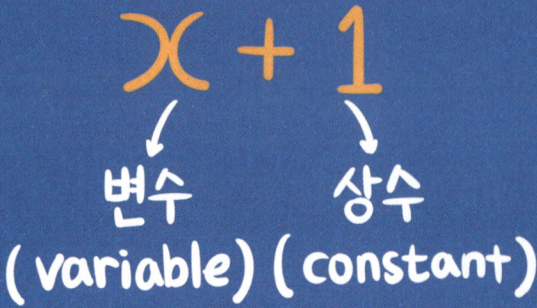

수학에서 위와 같은 식이 있을 때 x를 변수, 1을 상수라고 하죠.
'x' 자리에는 어떤 수든 들어갈 수 있지만 1은 정해진 수이므로 상수라고 합니다.

눈을 감고 3 더하기 7을 해봐요

아무 생각이 없다가 이 말을 들으니
머릿속에 3 과 7, +가 떠오르죠?

우리 머릿속 어느 기억 공간에
3, 7, + 라는 정보가
일시적으로 저장이 된 거죠.

그리고 머릿속 어디선가 계산을 한 후
결과값 10이 새롭게 저장이 됩니다.

컴퓨터도 똑같아요

컴퓨터도 3과 7을 더하라는 명령을 받으면
먼저 3과 7 그리고 +를 (머릿속에 떠올리듯) 메모리칩에 올려야 해요.
그래야 계산을 할 수 있어요.

그다음 CPU에서 계산을 한 뒤, 결과값 10을 다시
메모리칩에 저장을 하지요.

리터럴 상수

이제 우리의 코드를 다시 볼까요?

```
int number = 1030 + 204;
```

먼저 1030, 204, 그리고 + 기호를 메모리칩에 올려야겠죠?

그런데 우리는 변수인 number와 달리
1030과 204를 위한 별명을 지어주진 않았어요.

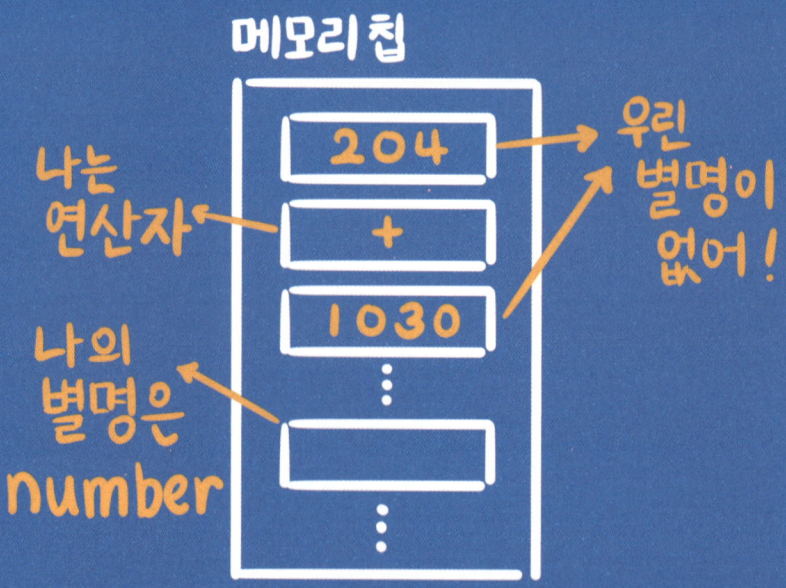

이렇게 별명이 없지만 메모리를 사용하는 값을
리터럴 상수Literal Constant라고 합니다.
숫자뿐 아니라 문자 등도 리터럴이 될 수 있어요. 아래는 모두 리터럴이에요.

1234
3.141592
"CS IN MY ROOM"

* Literal은 "말 그대로", Constant는 "상수" 입니다.
"말 그대로 딱 정해진 값"을 뜻해요.

완벽하게 이해하기

```
int number = 1030 + 204;
```

자, 이제 우리의 코드를 완벽하게 이해해볼까요.

int : 정수를 담을 수 있는 메모리를 확보해줘.
number : 그 메모리에 접근할 때 number라는 별명을 사용할 거야.
1030 + 204
: 1030과 204를 각각 메모리에 올려놓고 덧셈을 한 뒤, 그 결과값을 number가 가리키는 메모리에 저장해 줘.

이제 number에는 "1234"라는 값이 저장됩니다!

```
int number = 1030 + 204;
printf("number = %d", number);
```

출력을 위한 "printf" 명령을 추가하면
컴퓨터는 모니터에 결과값을 보여줍니다.

* printf는 C나 C++에서
사용 가능한 코드입니다

코드 이야기가 어렵지는 않았나요?

좀 아리송한 부분이 있어도 괜찮습니다. 앞으로 쭉 읽어가다 보면 이해될 거예요.
비슷한 내용들이 반복되니까요!

13

개발자 이야기

개발자가 보람찬 이유

- 어떻게 25억 명을 괴롭힐까?
- 어려운 소프트웨어 개발
- 도움을 주는 개발자

어떻게 25억 명을 괴롭힐까?

우리가 인스타그램 개발자인데,
사진을 보여주는 기능을 수정하다가
실수를 한다면?

한순간 25억 명의 인스타그램에서
사진이 안 보여요!

사람들이 엄청 화를 내겠죠?

어려운 소프트웨어 개발

첫 회사에서 개발 업무를 맡았을 때
설레기도 했지만 어렵고 긴장이 되었어요.

내 코드에서 문제가 생길까 걱정도 했죠.
백만 명이 사용하는 앱이었거든요.

그러다 문득 이런 생각이 들었어요.

"그러고 보니,
내가 하나의 기능을 추가하면
백만 명에게 도움이 되는 거네!"

그때부터 보람이 느껴지고
코딩도 한층 즐거워졌어요.

도움을 주는 개발자

프로그래밍으로 누군가를 괴롭힐 수도 있고 도움을 줄 수도 있어요.

재미있는 게임을 망치는 해킹 툴을 만들 수도 있고
컴퓨터에 불필요한 파일들을 싸악 청소해 주는 툴을
만들 수도 있지요.

방구석 컴싸에서 공부하는 친구들은
사람들에게 도움이 되는 프로그램을 많이 만들면 좋겠어요!

14

4비트 메모리로 그림을 그리면?

- 4비트 메모리로 그림을 그려봐요
- 전구 4개가 있어요

4비트 메모리로 그림을 그려봐요

여기 팔레트와 스케치북이 있어요.
팔레트에는 2가지 색상의 물감이 있고 스케치북에는 4칸이 있지요.

전구 4개가 있어요

왼쪽 전구부터 하나씩 보면서 그림을 그릴 거예요.
전구가 켜져 있으면 1, 꺼져 있으면 0이에요.

값이 1이면 노란색을, 0이면 파란색을 색칠합니다.

첫 번째 전구는 스케치북의 1번 칸, 두 번째 전구는 스케치북의 2번 칸,
세 번째 전구는 3번 칸, 네 번째 전구는 4번 칸, 각각 이렇게 색칠해요.

0 1 0 0 의 그림은 이렇게 됩니다.

0 1 1 0 의 그림은 이렇게 되지요.

그러면 컴퓨터는 실제로 커다란 사진이나 이미지를 어떻게 화면에 그릴까요?
두 가지 색상으로는 불가능하겠죠?

이제부터 컴퓨터가 색상을 다루는 방법에 대해 알아봅시다.

컴퓨터에 **1677만 개**의 물감이 있다고?

- 픽셀
- 컴퓨터는 사진을 어떻게 화면에 그릴까요?
- 24비트는 몇 가지 색상을 표현할까요?

픽셀

우리가 보는 화면은 작은 사각형들로 이루어진 모눈종이와 같아요.
컴퓨터는 각각의 사각형에 색칠을 해서 커다란 사진이나 그림을 그립니다.

이때 각각의 사각형을 picture element(그림의 요소)라고 하는데,
줄여서 픽셀pixel이라고 불러요.

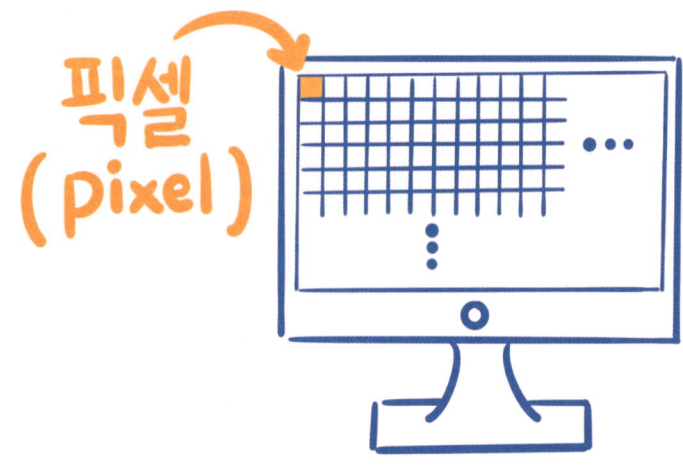

컴퓨터는 사진을 어떻게 화면에 그릴까요?

우리는 1비트를 이용해서 두 가지 규칙을 정하고 (1은 노랑, 0은 파랑)
1칸당 1비트씩 총 4칸(4비트)에 색을 칠해봤어요.

* 4비트 메모리로 그린
우리의 그림.

우리는
1픽셀을 색칠하는 데 1비트를
사용했어요.

컴퓨터는 훨씬 많은 색상이
필요하기 때문에 일반적으로
24비트를 이용해서 규칙을 정합니다.

즉, 컴퓨터는
1픽셀을 색칠하는 데 24비트를
사용해요.

* 다양한 색상을 표현할 수 있어요.

24비트는 몇 가지 색상을 표현할까요?

1비트로 표현할 수 있는 색상은 2가지예요.

$$2^1 = 2$$

* 이진수의 경우의 수 구하는 법은 앞에서 배웠죠?
(27쪽 참고)

24비트로 표현할 수 있는 색상은 무려 16,777,216가지입니다.

$$2^{24} = 16,777,216$$

우리 눈으로 구분할 수 있는 색상은
천만 개라고 하니 이 정도면 충분하죠!

이 정도면 충분해!

2^4
컴퓨터가 색상을 만드는 방법

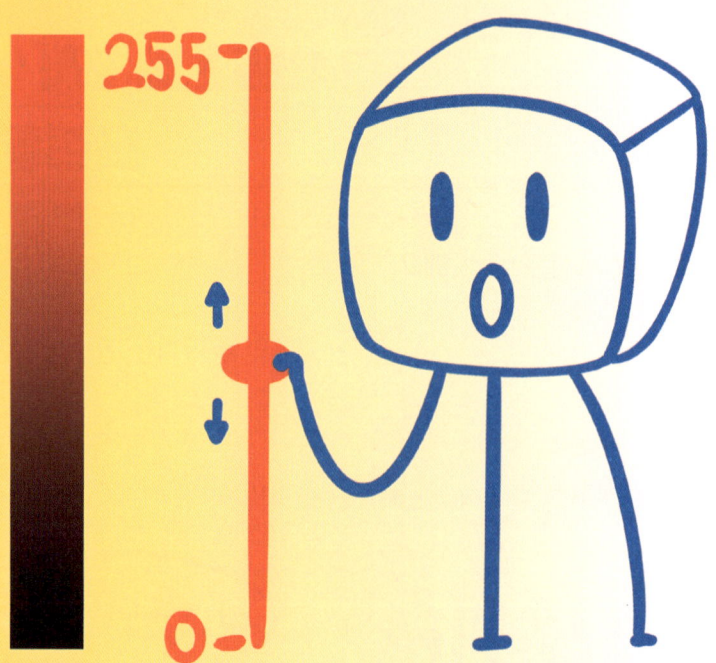

- RGB24 색상 모델
- 8비트씩 나눠요
- 숫자가 클수록 빨간빛이 강해져요
- 진한 분홍색을 만들어볼까요
- 직접 RGB 색상을 섞어보세요

RGB24 색상 모델

RGB 색상 모델이란 빛의 삼원색인 빨간색, 녹색, 파란색을 섞어서 색을 표현하는 방식입니다.

Red, Green, Blue의 앞 글자를 따서 RGB라고 불러요.

24비트를 사용하는 경우에는 RGB24라고 하지요.

8비트씩 나눠요

우선 24비트를 Red, Green, Blue가 각각 8비트씩 나눠가져요.

"2의 8승"은 256이므로 Red, Green, Blue 는 각각 256가지의 색을 표현할 수 있게 되지요.

$$2^8 = 256$$

숫자가 클수록 빨간빛이 강해져요

빨간빛, 녹색빛, 파란빛 모두
0 ~ 255 사이에서
값을 선택할 수 있습니다.

255가 가장 강한 빨간색이고
0으로 갈수록 빨간색이 약해져요.

녹색, 파란색도 마찬가지죠.

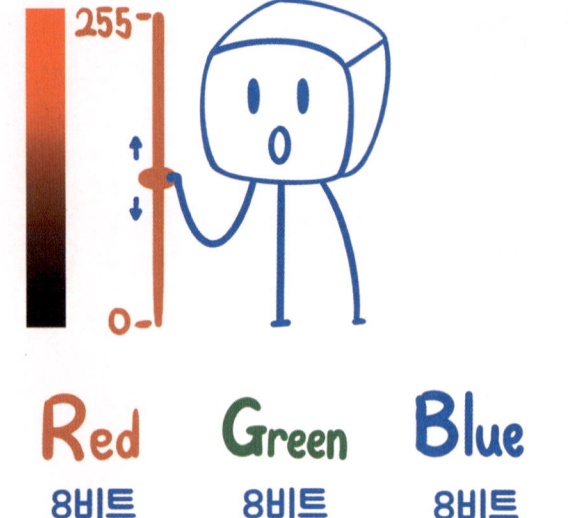

진한 분홍색을 만들어볼까요

빨간색을 255, 녹색을 34, 파란색을 154로 섞어봐요.
빨간색을 최대한 강하게 섞었어요.

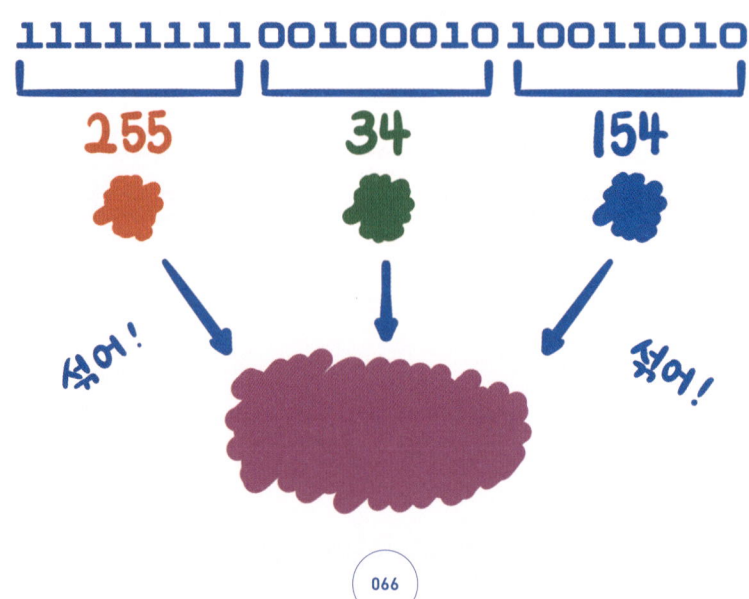

직접 RGB 색상을 섞어보세요

아래 사이트를 방문해서 RGB 색상을 섞어보세요.
https://w3schools.com/colors/colors_rgb.asp

"w3school color rgb"를 검색하면 사이트를 쉽게 찾을 수 있어요.
w3school은 웹 개발자들이 공부할 때 참고하는 유명한 사이트입니다.
1998년부터 지금까지 운영되고 있으며 한 달에 7천만 명이 오가며
공부를 하고 있답니다.
근래에는 웹뿐만 아니라 파이썬, C#, JAVA 등 다양한 언어와
딥러닝, AI와 같은 분야의 정보도 제공합니다.

Red 255, Green 160, Blue 54를 섞으니 주황색이 되었네요.

17

사진은 어떻게 화면에 그려질까?
RGB에 관한 좀 더 자세한 설명

- RGB 색상 모델은 조명과 같아요
- 실제 사진은 어떻게 화면에 그려질까?
- RGB32

RGB 색상 모델은 조명과 같아요

빨간 조명을 키웠다 줄였다 한다고 생각해 보세요.

최대로 키우면(255) 빨간빛이 강해지고

점점 줄이면서 빨간빛이 연해지다가

아예 꺼버리면(0) 깜깜해지겠죠?(검정색)

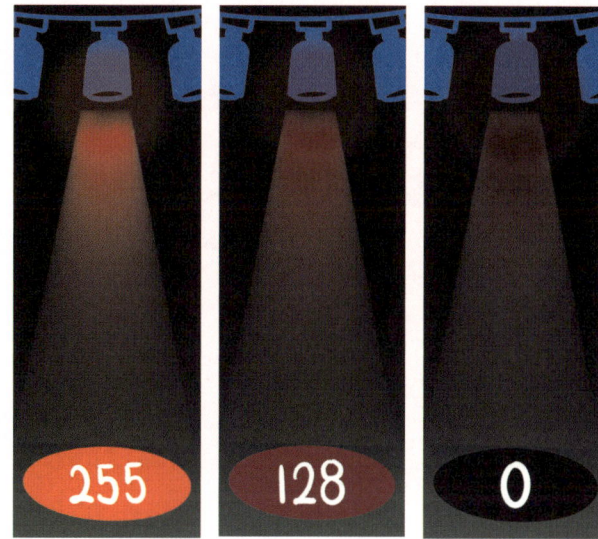

아무 빛도 없으면 검정색이고 모든 빛을 섞으면 흰색이에요. 그 사이에 **빨간색**, **녹색** 등 다채로운 색상들이 존재하죠.

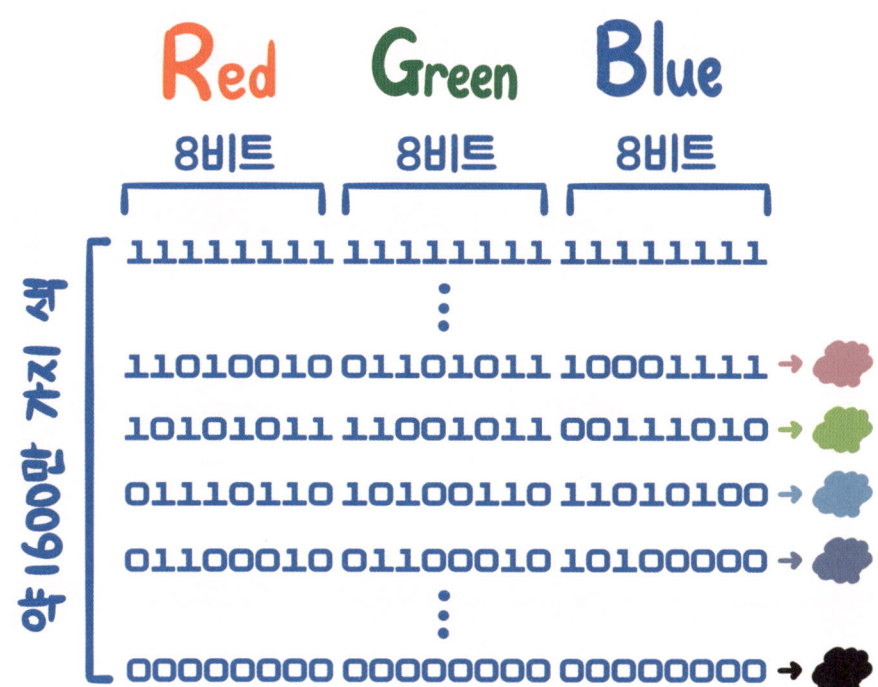

실제 사진은 어떻게 화면에 그려질까?

우리가 스마트폰으로 사진을 찍으면
카메라 앱은 수많은 24비트 이진수 값으로 색상을 기록하고
JPEG와 같은 파일로 저장을 합니다.

이런 파일을 메모리칩에 올려놓으면 스마트폰 화면이나 컴퓨터 모니터에서
그 이진수 값에 따라 각각의 색상을 모두 그려주는 거예요. 신기하죠?

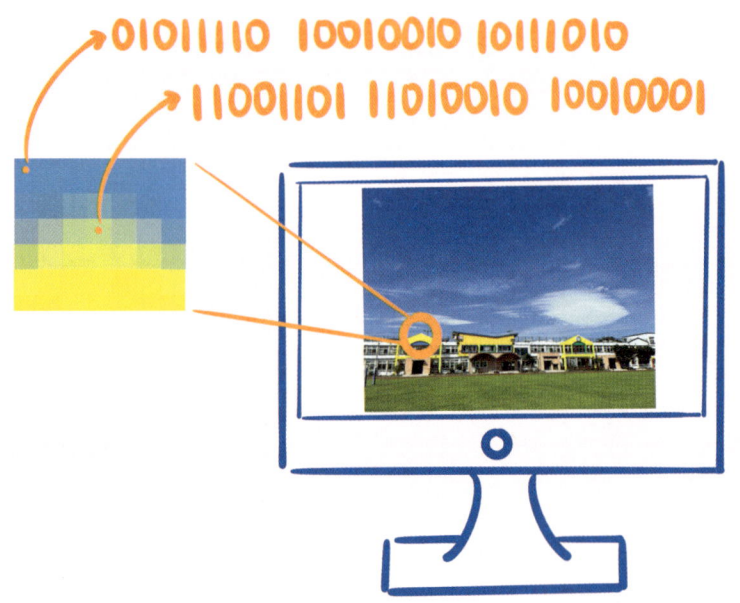

RGB32

한 가지만 더 알아볼까요?
RGB24에 8비트를 추가하여 이미지를 표현하는
방식을 "RGB32"라고 불러요.

추가된 8비트는 투명한 이미지를 만드는 데
사용합니다.

* 투명도를 의미하는 "Alpha"를 붙여서
RGBA라고도 불러요.

값이 255면 완전히 선명하고 0으로 갈수록 점점 투명해지다가
값이 0이 되면 완전히 투명해져요.

R	G	B	Alpha	
00011110	01001110	10001101	11111111 (255)	
00011110	01001110	10001101	10000000 (128)	
00011110	01001110	10001101	00000000 (0)	

우리가 자주 사용하는 JPEG는 RGB32를 지원하지 않아요.

만약 우리가 나중에 앱 개발을 할 때 투명한 이미지를 만들고 싶으면
RGB32를 지원하는 PNG 파일로 저장해야 합니다.

18

"ABCDEF"가 숫자라고?
feat. 16진수

- 16진법
- 16진수는 문자도 사용해요
- 16진수의 규칙
- 16진수와 이진수의 변환
- 8자리 이진수를 16진수로 변환하기

16진법

십진법은 10개의 기호로 숫자를 세어나가는 방법이고
이진법은 2개의 기호로 숫자를 세어나가는 방법이지요.

16진법은 16개의 기호로 숫자를 세어나가는 방법이에요.
16진법으로 만든 수를 "16진수"라고 합니다.

16진수는 문자도 사용해요

16진수는 0에서 9까지 열 개의 숫자에
알파벳 6개 문자(A, B, C, D, E, F)를 더해
총 16개 기호를 사용합니다.

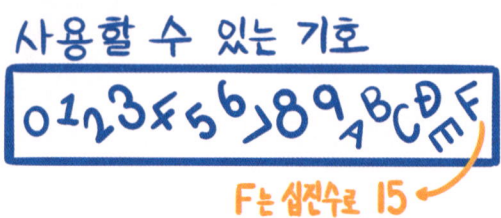

16진수의 규칙

16진수의 규칙도 이진수, 십진수와 같아요.

1) 0부터 F까지 16개의 기호를 사용하고

2) 0에서 F까지 세어나가다가 더 이상 사용할 기호가 없으면
왼쪽으로 자리를 추가한다.

3) 왼쪽으로 자리를 추가할 때마다 수의 크기는 16배씩 증가한다.

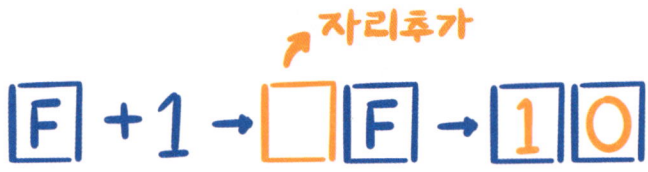

16진수와 이진수, 십진수를 비교해 볼까요.

16진수	이진수	십진수
0	0000	0
1	0001	1
2	0010	2
3	0011	3
4	0100	4
5	0101	5
6	0110	6
7	0111	7
8	1000	8
9	1001	9
A	1010	10
B	1011	11
C	1100	12
D	1101	13
E	1110	14
F	1111	15

16진수는 문자가 섞여 있어서 낯설어요.
9 다음은 (10이 아닌) A고 B, C, D, E, F가 나오지요.
그 다음에 10이 됩니다. 16진법에서의 10은 십진수 16과 같아요.

그리고 10부터 19까지 세어나가다가 19 다음에는 (20이 아닌) 1A가 됩니다.
…19, 1A, 1B, 1C, 1D, 1E, 1F 다음에 20이 된답니다.

16진수 10부터 100까지도 한번 차근차근 살펴보세요.

16진수	이진수	십진수
10	0001 0000	16
11	0001 0001	17
⋮	⋮	⋮
18	0001 1000	24
19	0001 1001	25
1A	0001 1010	26
1B	0001 1011	27
⋮	⋮	⋮
1F	0001 1111	31
20	0010 0000	32
⋮	⋮	⋮
9F	1001 1111	159
A0	1010 0000	160
⋮	⋮	⋮
FF	1111 1111	255
100	0001 0000 0000	256

16진수와 이진수의 변환

네 자리의 이진수로는 0부터 15까지 셀 수 있죠.
그런데 16진수 한 자리도 0부터 15까지 셀 수 있어요.

그래서 이진수와 16진수는 서로 변환하기 쉬워요.

이진수를 오른쪽부터 네 자리씩 묶어 16진수 한 자리로 바꾸면 됩니다.

이진수 0111 1011
↓ ↓
16진수 7 B

직접 바꿔볼까요.
1) 이진수 0111을 16진수로
0111 = 2^3*0 + 2^2*1 + 2^1*1 + 2^0*1 = 0 + 4 + 2 + 1 = 십진수 7 = 16진수 7

2) 이진수 1011을 16진수로
1011 = 2^3*1 + 2^2*0 + 2^1*1 + 2^0*1 = 8 + 0 + 2 + 1 = 십진수 11 = 16진수 B

* 프로그래밍을 할 때 *(asterisk)는 "곱하기"를 의미합니다.
* ^(caret)은 프로그래밍에서 다양한 목적으로 사용되는데 여기서는 "지수(N승)"를 의미합니다.
* 이진수를 이용한 계산이 익숙하지 않다면 18쪽 내용을 참고해 주세요.

8자리 이진수를 16진수로 변환하기

8자리 이진수라고 어려울 것 없어요.
오른쪽부터 4개씩 묶어서 16진수로 바꿔주면 됩니다.

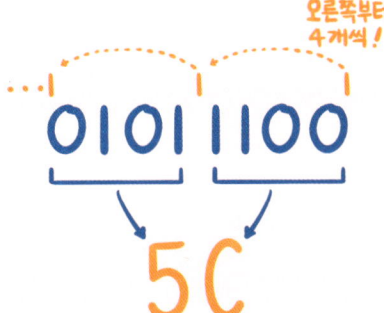

24자리도 해볼까요?

111111110010001010011010
F F 2 2 9 A

19

이진수보다 16진수가 좋다고?

- 왜 16진수를 쓰나요
- 16진수로 주소를 표현해요
- 16진수로 색상값을 표현해요

왜 16진수를 쓰나요

이진수는 0과 1로만 표현하기 때문에 너무 길어요.
같은 정보라도 16진수로 쓰면 훨씬 간단하죠.

* 코딩을 하다보면 16진수를 종종 보게 될 거예요.
이진수보다 편리하기 때문에 16진수를 사용합니다.

16진수로 주소를 표현해요

한 마을에 수많은 집이 있어요. 그중 한 집에 친구가 살고요.
그 친구를 찾아가려면 주소(위치)를 알아야 하죠.

메모리칩에도 수많은 집이 있어요.

우리가 메모리에 '10'을 저장하면 비어 있던 집에 '10'이 저장됩니다.

그 집에 접근하려면 **주소**가 있어야 하지요.

메모리칩과 주소를 설명할 때는 보통 아래와 같이 그림을 그려요.

* 메모리 주소는 1 바이트마다 부여됩니다.

메모리칩에 숫자 10을 저장해 봅시다.

```
int number = 10;
```

이때 number에는 숨겨진 비밀이 있어요.
바로 메모리칩 어느 한 곳의 **위치(주소)**와 연결되어 있다는 것이죠.

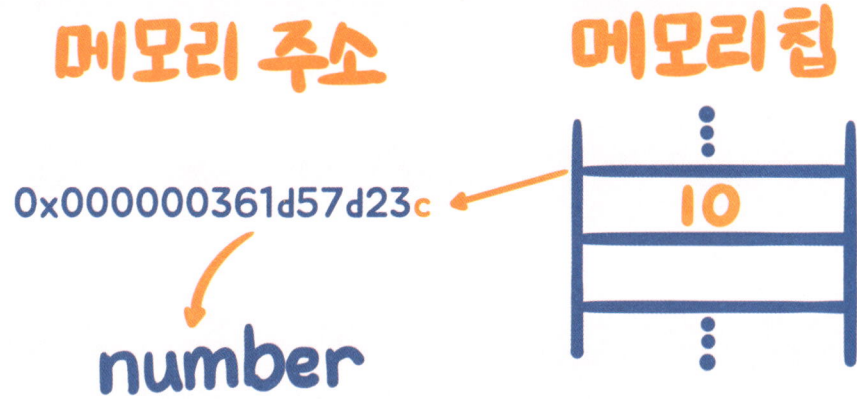

코딩할 때 이런 주소를 확인해야 하는 경우가 있어요.
일반적으로 주소는 이런 형태입니다.

```
0x000000361d57d23c
```

만약 이 주소를 이진수로 보여준다면 당황스럽겠죠?

```
0b00000000000000000000000000000011
01100001101010101111101001000111
100
```

* 코딩할 때 16진수 앞에는 **0x**를 붙이고 이진수 앞에는 **0b**를 붙여요.

16진수로 색상값을 표현해요

우리가 앱을 개발하는데 디자이너가 물어봐요.
"저번에 말씀하신 글자 색상이 뭐였죠?"

이렇게 대답해 봅시다.
"아 그거요? 111101101010001101011100이었어요."

디자이너와 계속해서 일하고 싶다면 "F6A35C입니다."라고 하는 게 좋겠죠?

이렇게 RGB24 또는 RGB32 값을 표현할 때 16진수를 사용해요.

16진수를 사용하면 포토샵에 원하는 색상을 쉽게 적어넣을 수도 있죠.

* 색상값을 이렇게 표현하는 것을 본 적이 있죠? 16진수로 표기한 거랍니다.

이 외에도 다양한 곳에서 이진수 대신 **16진수**를 사용해요.

20

`result = result + 300;`

코드 한 줄로 개발자 되기 #3

- 변수의 활용
- 총 공격력은 몇일까요?
- 변수를 정해요
- 공격룬 = 트랜지(기본 공격력) x 2
- 2000(result) + 전설도끼 공격력
- 오늘 만들어본 코드입니다

변수의 활용

게임 속 간단한 기능을 개발해 봅시다.
변수를 어떻게 활용하는지 연습해 볼 거예요.
여기 우리가 키우는 캐릭터, 트랜지가 있어요.

직업은 딜러,
전설도끼와 공격룬을 획득했어요.

총 공격력은 몇일까요?

트랜지와 아이템들의 능력은 다음과 같아요.
트랜지의 총 공격력은 몇일까요? 공격력의 총합을 구하는 코딩을 해봅시다.

트랜지: 기본 공격력 1000
공격룬: 기본 공격력 2배 증가
전설도끼: 추가 공격력 300

변수를 정해요

우선 변수 2개를 만들어요

```
int attack = 1000;
int result = 0;
```

attack 변수에는 기본 공격력 1000을 입력하고
result에는 공격력의 총합을 입력할 거예요.
* 아직 합을 구하지 않았으므로 result의 초기 값은 0이에요.

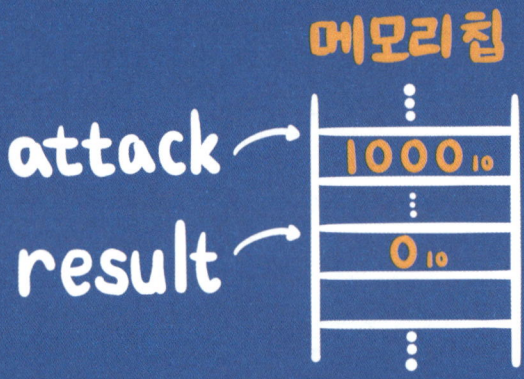

공격룬 = 트랜지(기본 공격력) x 2

공격룬은 기본 공격력(attack)을 두 배 높여줍니다.
그 값을 총합(result) 변수에 저장해요.

1) 총합(result) = 기본 공격력(attack) x 2

attack 변수에는 1000이 들어 있으므로 result 변수에는 2000이 입력됩니다.
메모리의 상태는 이렇게 되지요.

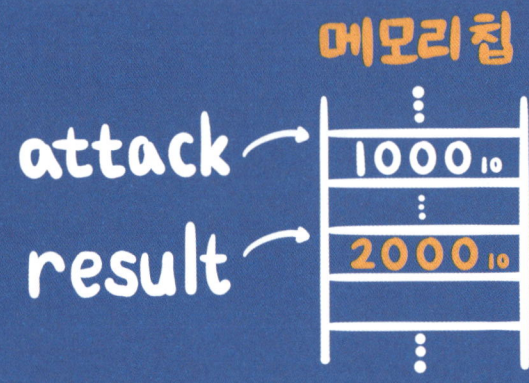

2000(result) + 전설도끼 공격력

이제 전설도끼의 공격력(300)을 더해요.

2) 2000(result) + 전설도끼의 공격력

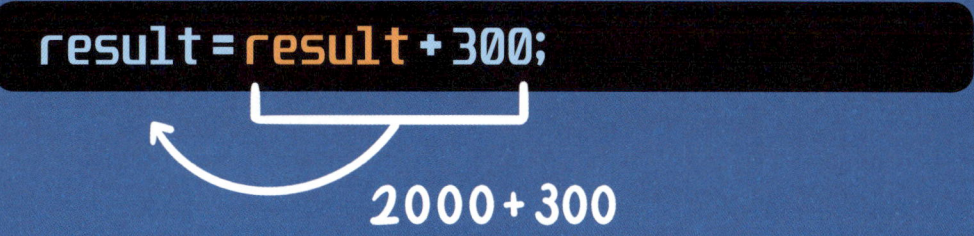

앞에서 result가 2000이었으므로 공격력의 총합은 2300이 됩니다.

메모리의 최종 상태는 이렇게 되지요.

오늘 만들어본 코드입니다

```
int attack = 1000;
int result = 0;
result = attack * 2;
result = result + 300;
printf("공격력의 총합 = %d", result);
```

printf 코드를 이용하여 출력해봅시다.

```
공격력의 총합 = 2300
```

전설도끼와 공격룬을 획득한 트랜지는 공격력 2300이 되었어요!

jdoodle.com

21

코드 한 줄로
개발자 되기 #4

JDoodle

- 온라인 코딩
- 우리의 코드를 한번 실행해 봐요
- Swift 언어로 실행해 볼까요?

온라인 코딩

코딩을 하려면 프로그래밍 언어에 따라 필요한 개발 도구들을 설치해야 하죠.
그런데 온라인에서 코딩 연습을 할 수 있는 웹사이트들이 있어요.

그중 JDoodle.com을 소개합니다.

https://www.jdoodle.com/start-coding

아주아주 오래된 언어인 어셈블리어부터 Kotlin, Swift, Go, RUST 등 최신 언어까지
모두 온라인에서 코딩을 할 수 있어요.
80여개가 넘는 언어를 지원한다고 하니 우리가 배우고 싶은 언어들을
모두 온라인에서 구경하고 공부해 볼 수 있죠.

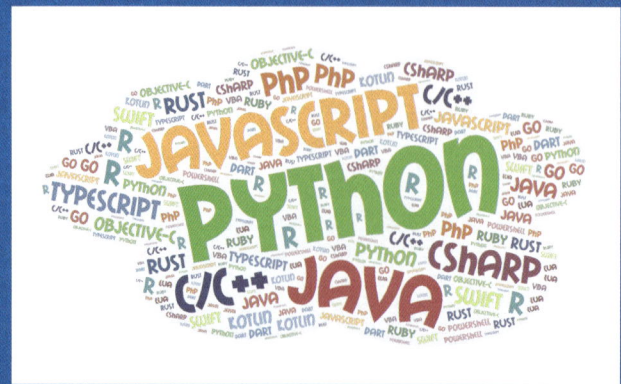

아래 주소로 접속한 후 원하는 언어를 입력합니다.
https://www.jdoodle.com/start-coding

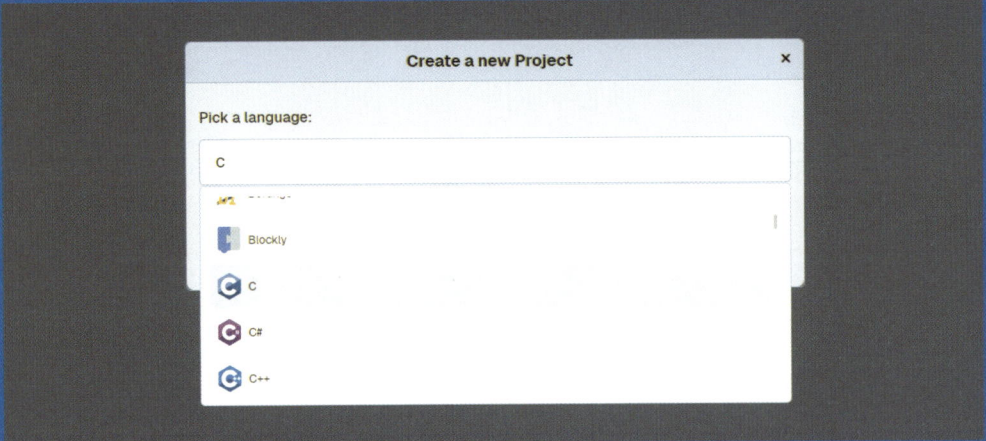

C 언어를 선택하면 여러 옵션들을 고를 수 있습니다.
지금은 바로 Start Coding!을 눌러요.

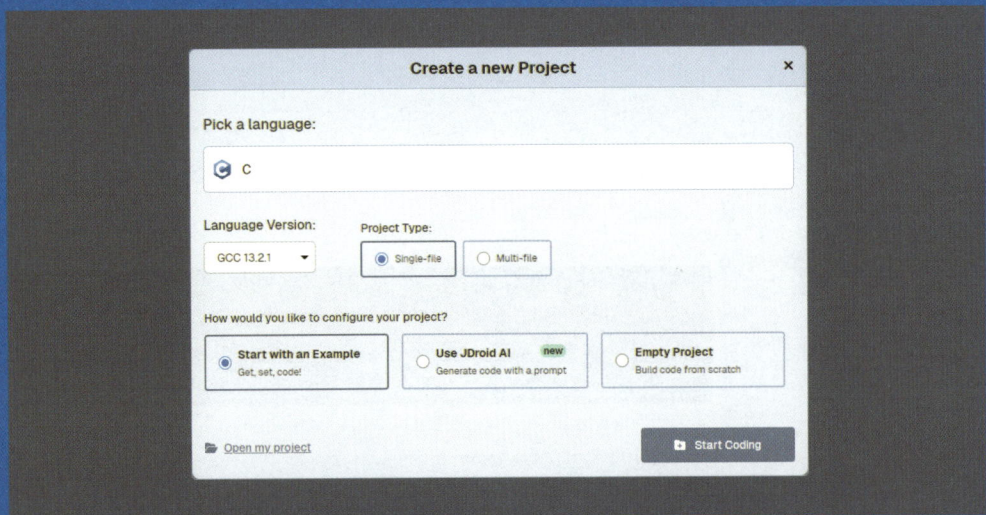

우리의 코드를 한번 실행해 봐요

앞에서 만든 우리의 코드를 입력합니다.

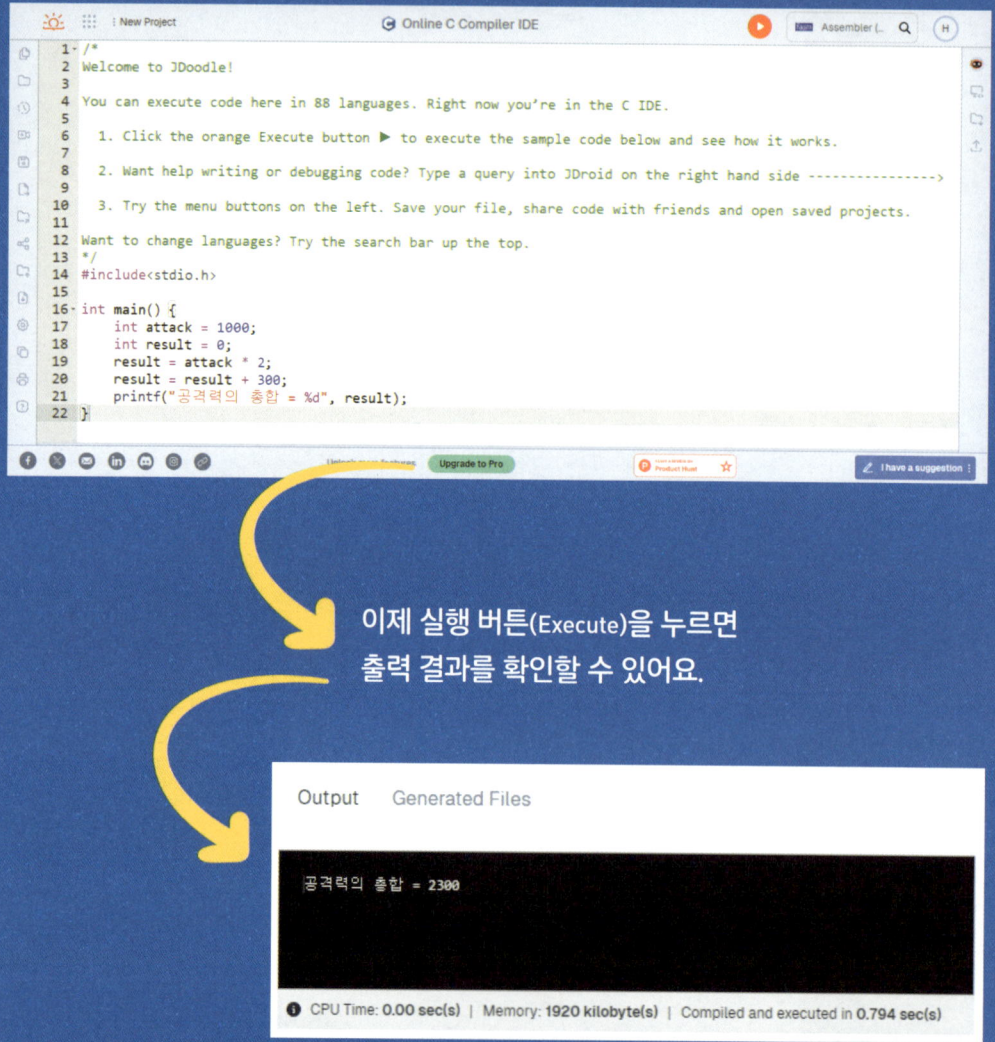

이제 실행 버튼(Execute)을 누르면 출력 결과를 확인할 수 있어요.

Swift 언어로 실행해 볼까요?

이번에는 Swift 언어를 선택해요.

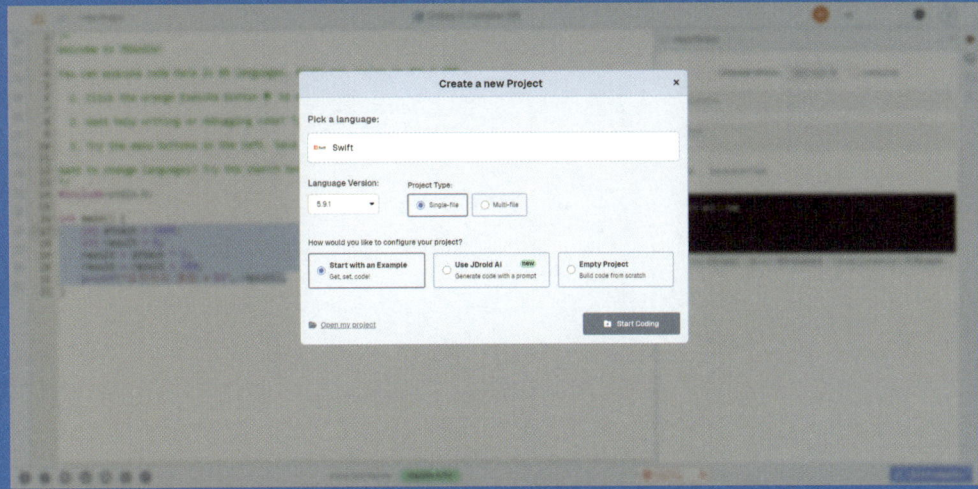

그리고 코드를 입력합니다.

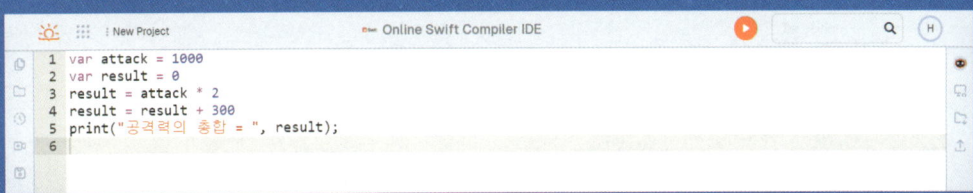

Swift에서는 변수를 선언할 때 var로 작성해요.
그리고 결과를 출력하는 print 명령어가 조금 다르죠.

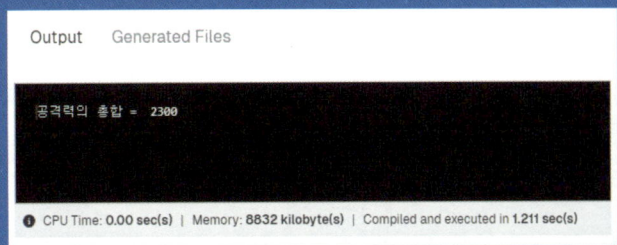

C 언어 코드를 Swift로 살짝 변경해서 두 언어를 연습해 봤습니다.

그 밖에도 JDoodle에는 다양한 기능들이 있어요.
내가 작성한 코드를 친구에게 공유할 수도 있고
친구와 함께 실시간 코딩을 즐길 수도 있지요.
최근에는 AI를 이용해서 코드를 생성할 수 있는 기능이 추가되었어요.
유료 기능이지만 몇 번은 무료로 사용해 볼 수 있습니다.

온라인 코딩을 이용해서 다양한 언어를 구경하고
배우고 싶은 프로그래밍 언어를 골라보세요.

22

개발자 이야기

어떤 언어를 선택해야 할까요

- 프로그래밍 언어는 모두 몇 개일까요?
- 언어를 하나 정해봐요
- 어떤 언어를 공부하고 싶나요?
- C/C++에 대해
- 언어를 대하는 올바른 자세
- 조금씩 만들어보세요

프로그래밍 언어는 모두 몇 개일까요?

통계마다 다르지만 250~2500개,
심지어 9000개라는 주장도 있어요.
우리가 모든 언어를 다 습득하기란 불가능하죠.

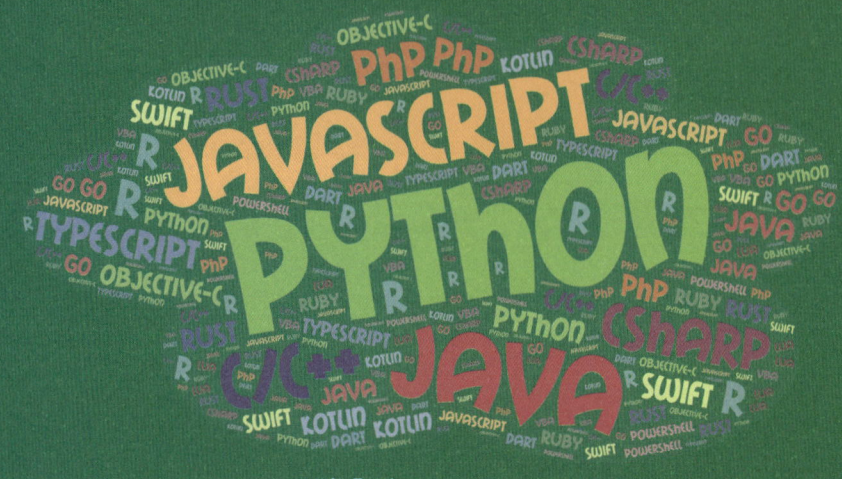

그림 출처 : wordart.com

언어를 하나 정해봐요

이렇게 수많은 언어 중에서 어떤 녀석을 선택해야 할까요?

회사에 처음 들어갔을 때
실력이 뛰어난 선배들이
항상 하는 말이 있었어요.

"실력이 쌓이면 언어는
더 이상 문제가 되지 않는다."

어떤 언어를 공부하고 싶나요?

프로그래밍 언어를 선택하는 데 도움이 되도록 몇 가지 언어를 소개합니다.

파이썬 Python

- 코린이들에게 가장 많이 추천하는 언어.
- 코딩하기 쉽고 이해하기도 쉬운 문법.
- 코딩 실수를 줄여주는 간결한 문법 규칙.

- 웹, 데이터 분석, 인공 지능 등 다양하게 활용 가능.
- 인기가 많은 언어로 인터넷에 예제 코드, 강좌 등 자료가 매우 많음.

코틀린 Kotlin & 자바 JAVA

- 객체지향에 대해 배우기 적절한 언어.
- 안드로이드 앱을 개발하려면 반드시 배워야 할 언어.
  (2017년 구글은 안드로이드의 공식 개발 언어를 자바에서 코틀린으로 변경.)

- 코틀린은 2011년에 공개된 언어로 1995년에 만들어진 자바보다 쉽고 풍부한 기능을 가지고 있음.
- 자바와 코틀린 모두 윈도우와 macOS에서 실행 가능한 앱을 만들 수 있음.

* 코틀린과 자바는 문법이 유사해요.
자바에 익숙하다면 코틀린도 어렵지 않게 배울 수 있습니다.

스위프트 Swift

- iOS(아이폰), macOS 용 앱을 개발하려면 반드시 배워야 하는 언어.
- 2014년에 공개된 언어로 현대적인 언어 컨셉을 경험할 수 있음.
  (C/C++에 익숙한 개발자는 처음 접할 때 어리둥절하기도 함.)

Go (Golang)

- 2009년에 구글이 공개한 언어.
- 정말 쉽고 간결한 문법.
- 실행 속도가 빨라서 높은 성능이 필요한 서버(백엔드) 기능을 구현하기 좋음.

자바스크립트 Javascript

- 웹 개발을 하고 싶다면 HTML, CSS와 함께 반드시 익혀야 할 언어.

- 코딩한 결과를 크롬, 엣지와 같은 웹브라우저에서 바로 확인할 수 있어 재미를 느끼기 좋음.

C#

- 윈도우용 앱 및 웹 개발에서 사용하는 언어.
- 게임 개발을 위한 유니티Unity에 관심이 있다면 배워야 할 언어.

- 파이썬에 비하면 다소 어려운 문법.

C/C++에 대해

자주 사용하는 프로그래밍 언어를
간단하게 살펴봤어요.

마지막으로 논란이 많은
C/C++에 대해 이야기해 봅시다.

C/C++은 참으로 오랫동안
왕의 자리를 차지하고 있었죠.

하지만 쉽게 배울 수 있고 개발 시간을 단축시켜 주는
많은 프로그래밍 언어들이 세상에 나오면서

C/C++은 배우기 어렵다, 보안에 문제가 있다,
개발하는 데 시간이 많이 걸린다 등
단점들을 많이 이야기하게 되었어요.

그럼에도 C/C++을 무시할 수 없는 두 가지 이유가 있습니다.

첫 번째는 수십 년간 사용하면서 C/C++로 개발된 헤아릴 수 없이 많은
어플리케이션들이 여전히 운영되고 있다는 점입니다.

포토샵, 일러스트레이터, 인디자인 등 어도비Adobe 사의 많은 제품들은 여전히
C++로 만들고 있어요.
우리가 매일 접하는 윈도우 운영 체제의 핵심 코드들은 모두 C/C++로 만들었죠.
(최근에는 C#을 사용.)
맥북을 위한 macOS는 C, C++ Objective C, Swift 등을 사용합니다.
게임 엔진으로 유명한 언리얼 엔진도 C++로 작성되었고 게임을 만들 때도
주로 C++을 사용합니다.

두 번째는 최신 언어에 비해 여전히 무시할 수 없는 실행 속도입니다.

많은 주목을 받고 있는 파이썬과 비교하면 C/C++의 실행 속도는 두세 배,
코드 내용과 상황에 따라 수백 배 빠릅니다.
수만 번의 계산을 반복해야 하는 경우 C/C++로 구현하는 것이
훨씬 빠를 수 있다는 이야기예요.
특히 기계나 전자 제품은 값싼 CPU와 메모리를 사용하기 때문에 효율성을 위해
C/C++을 많이 사용하죠.

언어를 대하는 올바른 자세

프로그래밍 언어를 좋다 나쁘다 이야기하는 것보다는
우리가 만드는 어플리케이션의 내용과 목적에 따라
적절한 언어를 선택하고
배우고 사용하는 것이 좋습니다.

예를 들어 우리의 어플리케이션 기능 중에
자주 사용하는 기능인데
속도가 엄청 느린 부분이 있다고 해봐요.
그 부분만 떼내어 C/C++로 만들어볼까? 하고
한번쯤 고민해 볼 수 있다면
훨씬 훌륭한 앱을 개발할 수 있겠죠!

조금씩 만들어보세요

마음에 드는 언어를 선택하고 작은 프로그램부터 조금씩 만들어봐요.
어느 정도 익숙해지면 앱 개발에도 도전하는 거죠.

1년이 걸려도 좋습니다.
정말 해결이 안될 것 같은 기분이 들 때도 있어요.
한 가지 문제로 일주일, 한 달을 끙끙거릴 때도 있고요.

그럴 때는 절대 서두르지 말고
책, 유튜브, 개발자 커뮤니티를 찾아서 천천히 공부하며 풀어갑니다.

그렇게 해서 한 가지 언어에 익숙해지면
새로운 언어를 배우는 것은 더 이상 문제가 되지 않아요.

첫 언어를 배우는 데 2~3년이 걸렸다면,
다음 언어는 3달, 어쩌면 한 달이면 익숙해질 테니까요.

언어 하나를
꾸준히
연습해 봐!

23

컴퓨터가 음수(-)를 모른다고?

- 컴퓨터는 음수(-)를 몰라요
- 친구 4명이 있어요
- 맨 앞 팻말은 다른 의미예요
- 친구들의 팻말을 차례대로 읽어봐요
- 부호-크기 표현법
- 부호-크기 표현법의 단점
- 1의 보수와 2의 보수

컴퓨터는 음수(-)를 몰라요

엄청난 계산을 순식간에 해내는 컴퓨터가
-1, -15 같은 음수를 모른다니 이상하죠?

놀랍게도 컴퓨터는 음수를 몰라요.
그저 0과 1만 아니까요.

그래서 우리는 음수를 위한 또 하나의 규칙을
정해야 합니다.

친구 4명이 있어요

손에는 앞뒤로 0 또는 1을 선택할 수 있는 팻말을 들고 있어요.
모두가 0 아니면 1을 들 수 있죠.

뒤쪽 3명의 친구는 3자리의 이진수를 의미해요.
000~111까지 숫자를 만들 수 있겠죠?

맨 앞 팻말은 다른 의미예요

첫 번째 친구의 노란색 팻말은 다른 의미를 가져요.

첫 번째 친구가
0을 들면 양수(+)를 의미하고 1을 들면 음수(-)를 의미합니다.

친구들의 팻말을 차례대로 읽어봐요

0 1 0 1 은 양수 101이에요. (십진수로는 +5)

반면, 1 1 0 1 은 음수 101이죠. (십진수로는 -5)

이 방법을 사용해서 모든 경우를 표로 만들어봅시다.

부호	이진수			십진수
0	1	1	1	+7
0	1	1	0	+6
0	1	0	1	+5
0	1	0	0	+4
0	0	1	1	+3
0	0	1	0	+2
0	0	0	1	+1
0	0	0	0	+0
1	0	0	0	-0
1	0	0	1	-1
1	0	1	0	-2
1	0	1	1	-3
1	1	0	0	-4
1	1	0	1	-5
1	1	1	0	-6
1	1	1	1	-7

양수 / 음수

부호-크기 표현법

이 방법을 부호-크기 표현법Sign-Magnitude Representation이라고 합니다.

맨 왼쪽 비트는 - 또는 +를 결정하는 부호(Sign)의 목적으로 사용하고,
나머지 비트를 숫자의 크기(Magnitude)로 사용하는 방식이죠.

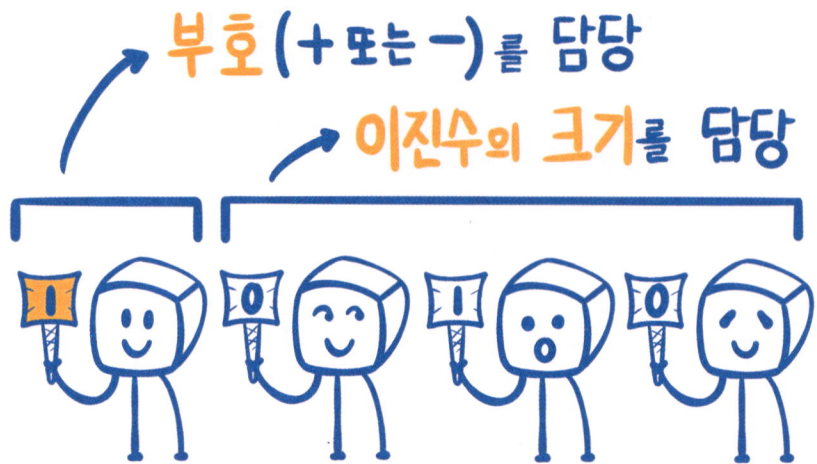

부호-크기 표현법의 단점

부호-크기 표현법에는 단점이 있어요.

-0과 +0은 둘 다 0이에요.
-0을 -8 같은 다른 수로 활용하면 좋을 텐데 괜히 한 자리를 낭비하고 있죠.

부호	이진수	십진수
0	000	+0
1	000	-0

]중복

이것이 첫 번째 단점이에요.

두 번째 단점은 덧셈을 해보면 알 수 있어요.
이진수 0001(+1)과 1001(-1)을 더하면 0이 나와야 하죠?

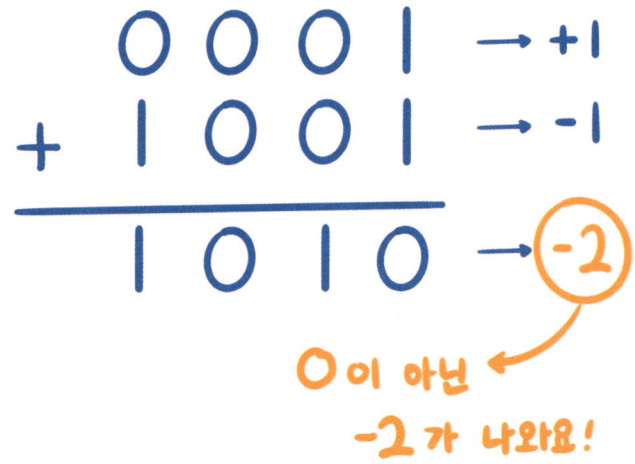

이진수 계산을 해보면 0이 아니라 -2가 나와요.
이런 단점들 때문에 더 나은 규칙이 필요합니다.

1의 보수와 2의 보수

과학자들은 컴퓨터가 음수를 더욱 잘 표현할 수 있도록 고민했어요.
그 결과 두 가지 규칙을 만들었죠.

1의 보수Ones' Complement와
2의 보수Two's Complement입니다.

24

수를 도와주는 수?
feat. 보수

- "보수"가 뭐죠?
- 도울 보(補) 셈 수(數)
- 부족한 만큼 보충해 주세요
- 수학에서는 이렇게 말해요
- 다른 예시도 한번 볼까요
- 보수의 의미, 이제 알겠어요

"보수"가 뭐죠?

과학자들은 컴퓨터가 음수(-)를 처리할 수 있도록 1의 보수와 2의 보수라는 규칙을 사용하기로 했어요.

1의 보수와 2의 보수를 이해하기 전에 우선 "보수"가 무엇인지 알아봅시다.

도울 보(補) 셈 수(數)

수학에서 보수는 "도와주는 수"라는 의미입니다.
예를 들어 현재 3인데 10으로 만들고 싶다면 7의 도움이 필요하죠.
7만큼 보충해 줘야 한다고 표현해도 좋아요.

* 보수는 영어로 "complement"라고 합니다.

부족한 만큼 보충해 주세요

여기 0에서 10까지 눈금이 그려진 컵이 있어요. 한라봉 에이드가 3만큼 담겨 있습니다.

10까지 꽉 채워서 잔뜩 먹고 싶어요.

그렇다면 7만큼 "보충"을 해야겠죠?

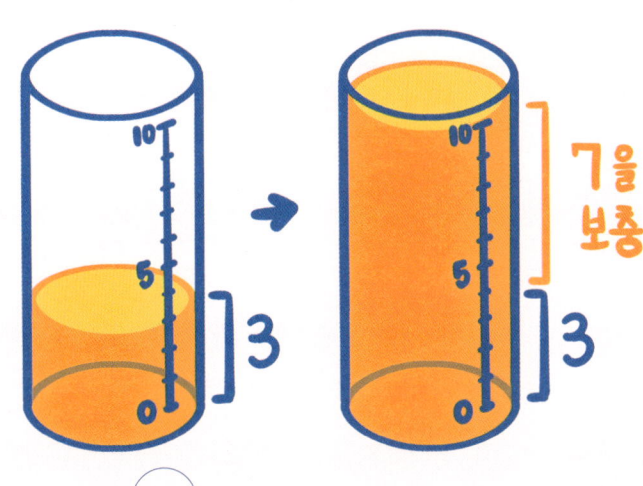

수학에서는 이렇게 말해요

한라봉 에이드 3을 10으로 만들기 위해 7만큼 보충해 준 이야기를 수학에서 사용하는 문장으로 적어볼게요.

"3에 대한 10의 보수는 7이다."

다른 예시도 한번 볼까요

2에 대한 10의 보수는 8이다.
(2가 10이 되려면 8만큼 보충해야 한다.)

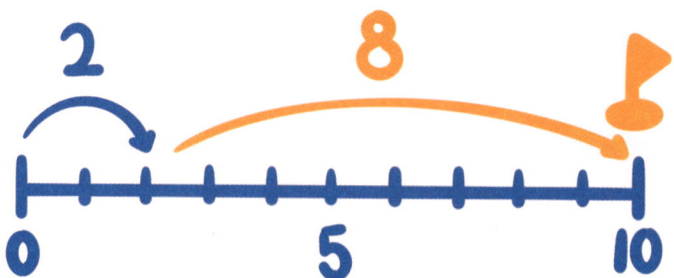

6에 대한 10의 보수는 4이다.
(6이 10이 되려면 4만큼 보충해야 한다.)

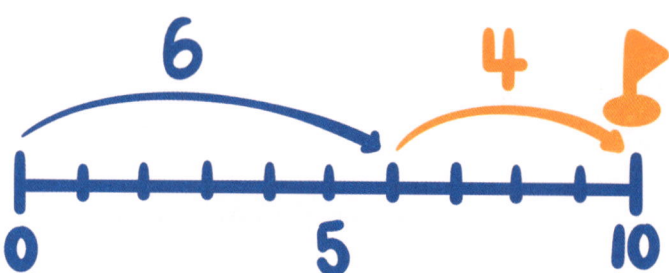

보수의 의미, 이제 알겠어요

이제 "보수"가 무엇인지는 알겠죠?

그런데 앞으로 살펴볼 "1의 보수", "2의 보수"는 조금 어려운 내용입니다.
대학교에서 처음 배웠을 때
교수님이 무슨 말을 하시는지 도통 모르겠더군요.

지금 당장 100% 이해할 필요는 없어요.
사실, 몰라도 코딩하는 데 큰 지장은 없답니다.

하지만 차근차근 배워나가면
좀 더 깊이 있는 지식을 가지고 코딩을 할 수 있어요.

아는 게 많아질수록
코딩은 재밌어져요!

25

0001이
1111이 되려면
feat. 1의 보수

- 친구 16명이 있어요
- 양수팀, 음수팀으로 나누어요
- 컴퓨터도 이렇게 합니다
- 이진수로 표현해 봐요
- 0000이 1111이 되려면
- 한번 더 해볼까요

친구 16명이 있어요

0번부터 15번까지 번호가 정해져 있어요.

양수팀, 음수팀으로 나누어요

양수팀, 음수팀으로 나눠서 밀치기 놀이를 하려고 해요.
한 사람씩 대결할 상대를 정해봅시다. 아래 규칙에 따라 음수팀을 만들어요.

0번 친구는 +0번	15번 친구는 −0번
1번 친구는 +1번	14번 친구는 −1번
2번 친구는 +2번	13번 친구는 −2번
3번 친구는 +3번	12번 친구는 −3번
…	…

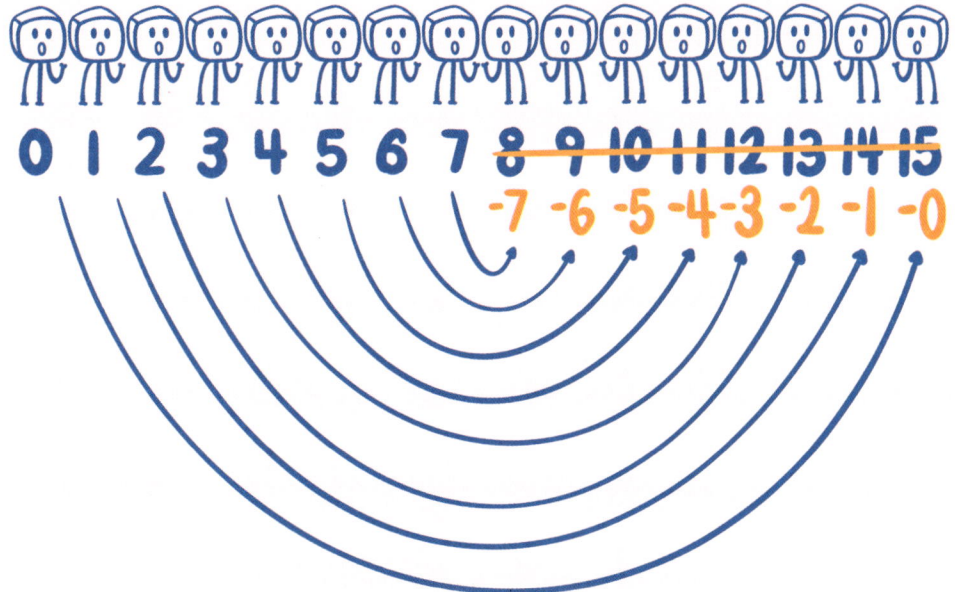

이렇게 모든 친구들에게
새롭게 번호를 붙이고
양수팀, 음수팀을 나누었어요.

모두 상대가 생겼죠?
이제 밀치기 게임을 할 수 있어요.

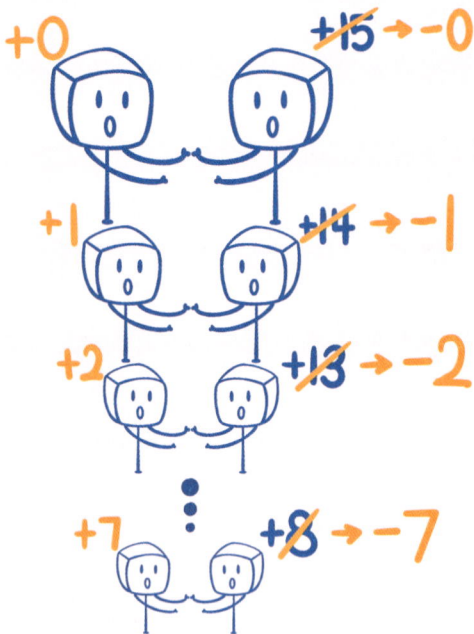

컴퓨터도 이렇게 합니다

우리는 "0번째 친구부터 차례대로 맨 끝에 있는 친구를 선택해서
음수 번호를 붙이는 방법"으로 양수팀과 음수팀을 나눴어요.

컴퓨터도 이런 방법으로 양수와 음수를 표현합니다.
이때 쓰이는 규칙이 "1의 보수"예요.

이진수로 표현해봐요

위의 규칙을 이진수로 적용해 봅시다. 0000(0)번부터 1111(15)번까지가 되겠죠?

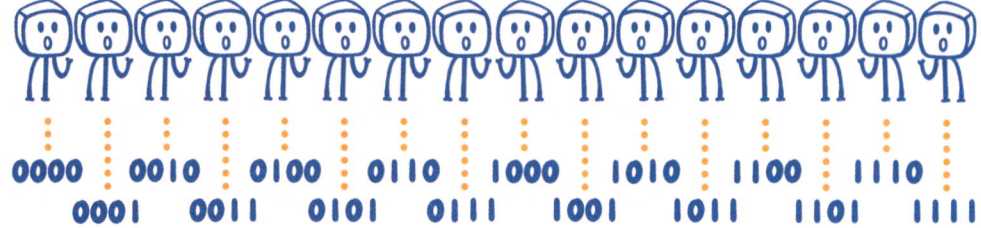

0000이 1111이 되려면

이진수 0000(0)이 1111(15)이 되려면 1111(15)만큼 보충해야 하죠?

보충해야 할 수, 1111을 0000의 상대로 정합니다.
즉, 0000번 친구는 +0번, 1111번 친구는 -0번이 됩니다.

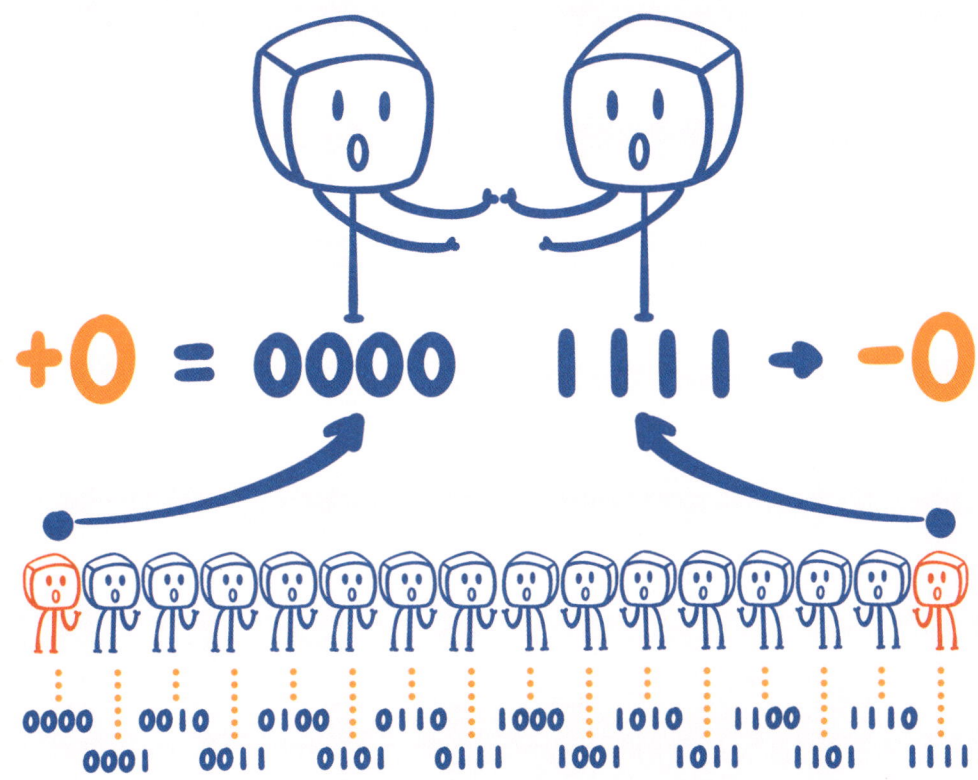

한번 더 해볼까요

이진수 0001(1)이 1111(15)이 되려면 1110(14)만큼 보충해야 하죠?

보충해야 할 수, 1110을 0001의 상대로 정합니다.
즉, 0001번 친구는 +1번, 1110번 친구는 -1번이 됩니다.

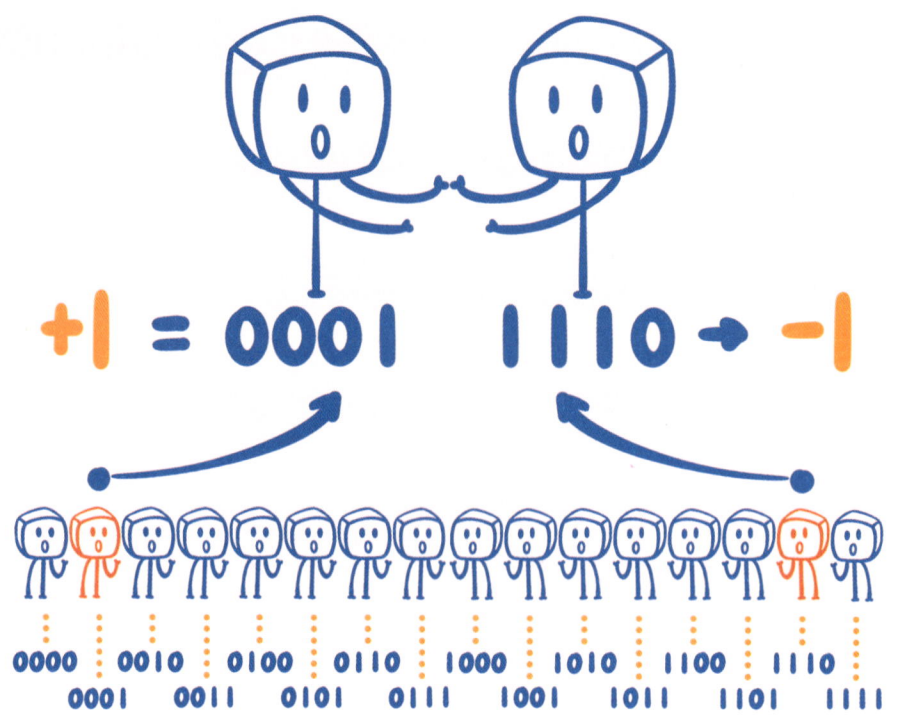

지금까지 살펴본 규칙이 바로 1의 보수입니다.
1의 보수를 사용하면 컴퓨터가 비트를 나눠서 양수와 음수를 표현할 수 있어요.

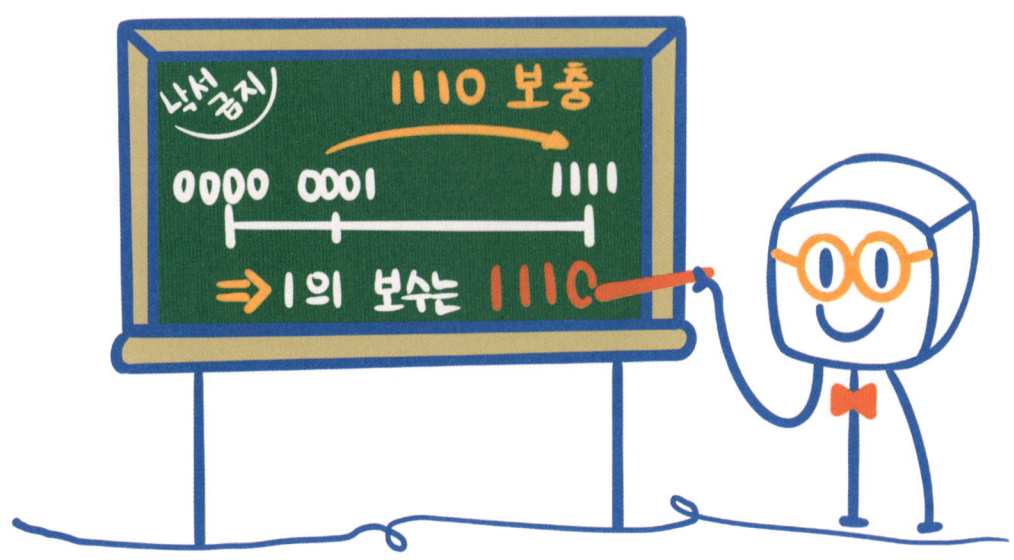

26

111111 ⟶ 1들!
1(들)의 보수
feat. 1의 보수의 단점

- "1들"의 보수
- 왜 "1들"일까요
- "1들"이 기준이기 때문입니다
- 1의 보수를 쉽게 구하는 방법
- 1의 보수의 단점 (1)
- 1의 보수의 단점 (2)
- 실제로는 2의 보수를 사용해요

"1들"의 보수

1의 보수는 영어 표기를 보면 쉽게 이해할 수 있어요.

Ones' complement

One's가 아닌 Ones'인 것에 주목해 주세요. 1의 보수는 사실 1들의 보수예요.

> 1 1 1 1, 1 1 1 1 1 1 1 1 과 같이 기다랗게 나열된 1들의 수를 기준으로 보수를 구하고 그 결과를 음수로 정한다.

→ 이것이 1의 보수를 이용한 음수 표현 방법입니다.

* 알고리즘 분석의 아버지 도널드 커누스Donald Knuth는
"Ones' Complement의 소유격 부호의 위치에 유의해야 한다.
1의 보수는 길게 나열된 1들을 기준으로 보수를 구한다는 의미다."라고 했습니다.

여기에 대한 논란이 있고 여러 문서와 웹사이트에서 One's Complement라고
표기하고 있지만 여기서는 커누스의 의견을 따라 설명했습니다.
"길게 나열된 1들"이라는 해석이 1의 보수를 쉽게 이해하는 데 도움이 되기 때문입니다.

왜 "1들"일까요

처음에 보수의 개념을 배울 때
십진수의 '10'을 기준으로 예를 들었어요.

"3에 대한 10의 보수는 7이다."
(=3이 10이 되려면 7만큼 보충해야 한다.)

한라봉 에이드, 기억나죠?

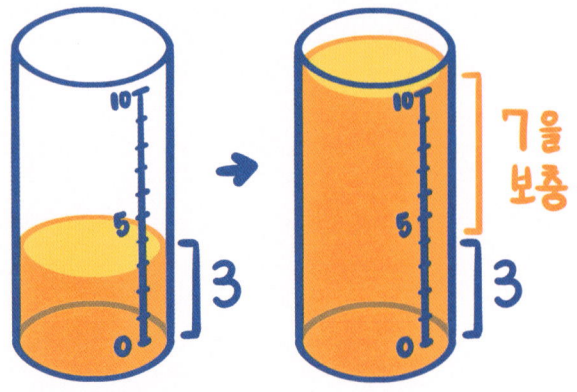

"1들"이 기준이기 때문입니다

1의 보수에서는 1111, 11111111 처럼
'1'로만 이루어진 이진수를 기준으로 보수를 구합니다.

> 1010 에 대한 1111 의 보수는 0101 이다.
> 101010 에 대한 111111 의 보수는 010101 이다.

위와 같이 "1들"로 이루어진 수가 기준이에요.
그래서 "1들의 보수", 편하게 "1의 보수"라고 부르는 것입니다.

1의 보수를 쉽게 구하는 방법

이진수의 특성 때문에 1의 보수는 쉽게 구할 수 있어요. 몇 가지 예를 봅시다.

> 0 0 1 1 이 1 1 1 1 이 되려면
> 1 1 0 0 만큼 보충

> 0 1 0 1 이 1 1 1 1 이 되려면
> 1 0 1 0 만큼 보충

> 0 1 1 1 이 1 1 1 1 이 되려면
> 1 0 0 0 만큼 보충

규칙이 보이시나요?
각각의 비트를 1은 0으로, 0은 1로 반전시켜 주면 해당 수에 대한 "1의 보수"가 됩니다.

4비트를 1의 보수로 양수와 음수로 나눈 결과를 볼까요.

1의 보수의 단점 (1)

"부호-크기 표현법"보다는 약간 개선되었지만 여전히 같은 약점이 존재합니다. 우선 +0, -0 중복 문제는 여전하죠.

부호	이진수	십진수
0	000	+0
1	111	-0

] 중복

1의 보수의 단점 (2)

덧셈을 할 때 조금 복잡해요. 한번 볼까요?
1100(-3)과 1011(-4)을 더하면 1000(-7)이 나와야 하는데 0111(+7)이 됩니다.

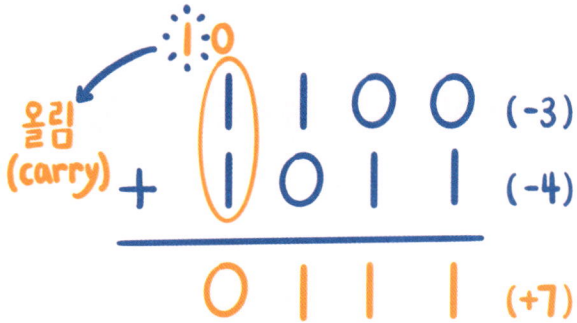

해결할 방법은 있어요.
만약 덧셈을 했을 때 맨 왼쪽에서 올림(영어로는 Carry)이 발생하면 결과값에 '1'을 더해주면 됩니다.

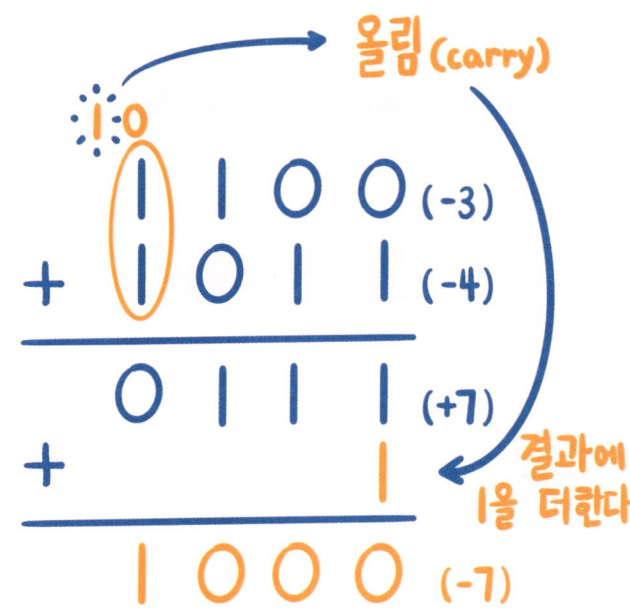

뭔가 규칙이 깔끔하지 않죠? 이게 1의 보수의 두 번째 단점이에요.

실제로는 2의 보수를 사용해요

1의 보수를 사용해서 음수를 처리하는 컴퓨터는 아주 극소수만 남아 있어요.

우리가 현재 사용하는 컴퓨터, 스마트폰 등은
1의 보수의 단점을 모두 해결한 2의 보수 표현법을 사용합니다.

1의 보수를 잘 이해했다면 2의 보수는 매우 간단해요.
이제부터 2의 보수에 대해 알아봅시다.

* 너무 어려우면 보수는 일단 넘어가도 괜찮습니다.
프로그래밍은 즐겁게 공부하는 게 가장 중요하니까요.

27

단점이 없는 2의 보수

- 2의 보수 표현법
- 예시를 봅시다
- 하나 더 해봅시다
- 이제 덧셈을 해볼까요?

2의 보수 표현법

1의 보수의 단점을 개선할 방법을 찾아야겠죠?
바로 **2의 보수 표현법**입니다.

2의 보수로 음수를 결정하는 방법은 두 가지가 있어요.
그중 첫 번째 방법의 규칙입니다.

> 이진수 N에 대해 1의 보수를 구하고
> 그 값에 1을 더한 값을 음수 N으로 정한다.
>
> 1을 더할 때 맨 왼쪽 비트에서 올림Carry이 발생하면 그 값은 버린다.

예시를 봅시다

0000(+0)에 대한 1111(15)의 보수는 **1111**(15)이죠. 여기에 **+1**을 하면 10000이겠죠?
위 규칙에 따라 맨 왼쪽에서 발생한 올림값 1을 버리면 **0000**이 됩니다.

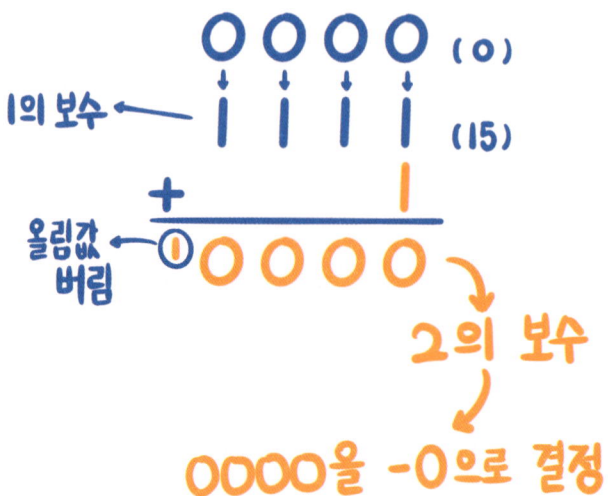

* 맨 왼쪽 비트에서 발생하는 올림값은 그냥 버리고 결과값 0000을 -0으로 결정해요.

하나 더 해봅시다

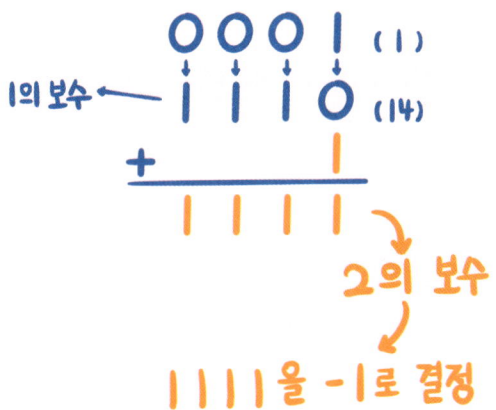

0001(+1)에 대한
1111의 보수는 1110이죠.

여기에 +1을 하면 1111이 나옵니다.

결과값 1111을 -1로 정합니다.

위 규칙을
모두 적용한
결과입니다.

1의 보수	2의 보수	십진수
0111	0111	+7
0110	0110	+6
0101	0101	+5
0100	0100	+4
0011	0011	+3
0010	0010	+2
0001	0001	+1
0000	0000	+0
1111 +1 →	0000	-0
1110 +1 →	1111	-1
1101 +1 →	1110	-2
1100 +1 →	1101	-3
1011 +1 →	1100	-4
1010 +1 →	1011	-5
1001 +1 →	1010	-6
1000 +1 →	1001	-7

우선 2의 보수 결과값 중에서 +0과 -0을 확인해봅시다.

2의 보수	십진수
0000	+0
0000	-0

] 중복 해결

+0과 -0 둘 다 0000으로 같아졌어요!

이제 0을 표현하기 위해서는 한 개의 경우(0000)만 사용하면 됩니다.
1의 보수의 단점 하나가 해결되었어요.

2의 보수	십진수
0111	+7
0110	+6
0101	+5
0100	+4
0011	+3
0010	+2
0001	+1
0000	+0, -0
1111	-1
1110	-2
1101	-3
1100	-4
1011	-5
1010	-6
1001	-7
1000	-8

4비트의 16가지 경우에서
중복 문제를 해결하니
한 자리(1가지 경우)가 남죠?

-1부터 -7까지 다 표현하고도
한 자리의 여유가 생겨서
1000을 -8로 정할 수 있게 되었어요.

중복문제 해결

-8 추가 가능

이제 덧셈을 해볼까요?

2의 보수 값들로 덧셈을 할 때 발생하는 올림값은 그냥 버립니다.

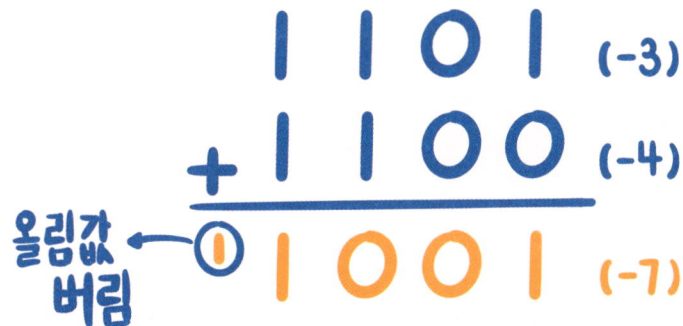

이제 복잡한 과정 없이 덧셈이 가능해졌어요.
2의 보수 표현법으로 음수를 표현하니 모든 약점이 해결되었네요.

그래서 현대의 모든 컴퓨터, 스마트 기기들은 2의 보수를 이용해서 음수를 결정하고 계산한답니다.

28

2의 보수 구하기
두 번째 방법

- 2의 보수를 구하는 방법
- 2의 보수를 구해봅시다
- 8비트로 한번 해볼까요?
- 2의 보수란?
- 예를 들어봅시다

2의 보수를 구하는 방법

2의 보수로 음수를 결정하는 방법이 두 가지 있다고 했었죠?
그중 두 번째 방법의 규칙입니다.

> 주어진 이진수 (예 : 0 1 0 1) 보다
> 한 자리 더 많은 이진수를 만들고
> 맨 왼쪽 자리는 1로, 나머지 자리는 0으로 채운다. (예 : 1 0 0 0 0)
>
> 그 수에서 주어진 이진수를 뺀다. (1 0 0 0 0 - 0 1 0 1)
>
> 뺄셈의 결과값을 주어진 이진수의 음수로 결정한다.

2의 보수를 구해봅시다

0 1 0 1 은 4자리의 이진수이므로
한 자리 더 많은 5자리의 이진수는 ☐ ☐ ☐ ☐ ☐ 형태입니다.

맨 왼쪽은 1, 나머지는 0으로 채우면 1 0 0 0 0 이 만들어집니다.

이제 뺄셈을 하면 2의 보수를 구할 수 있죠.

```
   1 0 0 0 0  (16)  → 5자리 이진수
 -   0 1 0 1   (5)  → 4자리 이진수
   ─────────
     1 0 1 1  (11)  → -5로 결정
```

8비트로 한번 해볼까요?

0 0 0 0 0 0 0 1 에 대한 2의 보수는?

$$100000000 \quad (256) \rightarrow 9자리\ 이진수$$
$$-\ 00000001 \quad (1) \rightarrow 8자리\ 이진수$$
$$\overline{11111111} \quad (255) \rightarrow -1로\ 결정$$

2의 보수란?

2의 보수를 왜 2의 보수라 부를까요?
이 질문에 도널드 커누스는 이렇게 말했습니다.

> "A two's complement number is complemented with respect to a single power of 2."
>
> 2의 보수란, 2의 거듭제곱 수를 기준으로 보수를 구하는 것이다.

예를 들어봅시다

2의 보수를 구할 때 뺄셈의 기준이 되는 이진수를
10000, 100000000과 같이 만들었죠?
이 수들은 **거듭제곱**으로 바꿔 적을 수 있어요.

> 십진수 10000 이 10^4 (10의 4승) 인 것처럼
> 이진수 10000 은 2^4 (2의 4승) 이죠.
>
> 십진수 100000000 이 10^8 인 것처럼
> 이진수 100000000 은 2^8 이죠.

* 컴퓨터에서는 거듭제곱을 ^ 로 표현합니다. 2의 8승 = 2^8

이렇게 2의 거듭제곱을 기준으로 보수를 구하기 때문에
2의 보수Two's complement라고 이름을 지었답니다.

29

코드 한 줄로 개발자 되기 #5
feat. 오버플로우

- 즐거운 상상을 해봅시다
- 정수형 오버플로우가 발생하면?

즐거운 상상을 해봅시다

우리가 공부를 열심히 해서 내년쯤 앱을 만들어 출시합니다.
짠~ 공개하자마자 대박이 났어요! 첫해부터 2년간 매출이 급격하게 올라갑니다.
상상만으로도 행복하죠?

2년 동안 얼마를 벌었는지 C++ 언어를 사용해서 계산해 볼까요?
(첫해 8억, 두 번째 해 14억)

```cpp
int money_1st = 800000000;
int money_2nd = 1400000000;
int total = money_1st + money_2nd;
cout << "총 매출 =" << total << endl;
```

* cout은 C++에서 화면(콘솔)에 데이터를 출력할 때 사용하는 명령어입니다.

출력

총 매출 = -2094967296

앗, 8억 + 14억을 했는데, 마이너스가 나왔어요!

우리가 기대한 결과는 아래와 같죠.

총 매출 = 2200000000

그런데 음수가 나오니 황당합니다.
왜 이렇게 되었는지 알아볼까요.

여기 32리터 용량의 통을 준비했어요. →

32리터 통에
물을 33리터 이상 부으면
넘쳐흐르겠죠?

* "넘쳐흐르다"를 영어로
overflow(오버플로우)라고
합니다.

보통 int 변수는 커다란 메모리 공간에서 32비트만 사용해요.
또한 부호(+ , -)가 있는 정수이기 때문에 앞에서 배운 2의 보수가 적용이 됩니다.
32비트의 절반은 양수로, 나머지 절반은 음수로 사용한다는 의미예요.

이런 이유로 int 변수에 입력할 수 있는 숫자의 범위는 아래와 같아요.

32비트 int 타입의 범위

− 2,147,483,648   ~   **+ 2,147,483,648**

대략 −21억에서 +21억 사이의 값을 입력할 수 있다는 얘기죠.
그런데 우리는 22억을 입력했죠? int 변수가 허용하는 범위를 초과했어요.

이를 "오버플로우Overflow가 발생했다."라고 해요.
좀 더 정확하게는 "정수형 오버플로우Integer Overflow가 발생했다."라고 합니다.

정수형 오버플로우가 발생하면?

프로그램 사용 중 숫자가 잘못 표시되거나 예상치 못한 동작을 할 수 있어요.
숫자가 중요한 은행이나 주식 앱에서는 절대 발생하면 안되겠죠?

만약 int 변수에 담긴 정보가 메모리 크기 등 중요한 정보인 경우
해커들의 공격 대상이 될 수도 있고요.

그러므로 변수에 숫자를 넣는 간단한 코드라고 해도
이런 내용을 알고 꼼꼼하게 작성해야 한답니다.

* 다음 장에서는 오버플로우가 발생한
우리의 코드를 해결해 봅시다.

30

[unsigned int]
코드 한 줄로 개발자 되기 #6
feat. 정수형 변수 타입

- 오버플로우 문제를 해결합시다
- 양수만 입력하는 변수 타입
- 코드를 수정해 볼까요?
- 미래를 대비합시다
- 롱! 롱!
- 코드를 개선해 볼까요?

오버플로우 문제를 해결합시다

앞에서 문제가 된 매출액 22억을 입력하려면
더 큰 수를 허용하는 변수 타입이 필요해요.
여러 방법 중 C와 C++ 언어에서 제공하는 unsigned 예약어를 살펴봅시다.

* 예약어reserved word란 프로그래밍 언어에서
특별한 목적을 위해 선점된 단어들을 뜻합니다.
우리는 "unsigned", "int" 등을 변수명으로 사용할 수 없어요.

양수만 입력하는 변수 타입

unsigned는 "부호가 없는"이라는 뜻이에요. 아래와 같이 int 앞에 붙이면 됩니다.

* signed는 "부호가 있는" / unsigned는 "부호가 없는"

```
unsigned int total = 2200000000;
```

이제 컴퓨터는 total 변수에 2의 보수를 적용하지 않고
32비트를 모두 0과 양수로만 사용합니다.

> unsigned int가 허용하는 수의 범위
> 0 ~ 4,294,967,295 (42억 이상)

42억 이상을 입력할 수 있게 되었죠?

코드를 수정해 볼까요?

```
int money_1st = 800000000;
int money_2nd = 1400000000;
unsigned int total = money_1st + money_2nd;
cout << "총 매출 =" << total << endl;
```

출력

```
총 매출 = 2200000000
```

정상적으로 입력되었습니다!

미래를 대비합시다

22억을 잘 입력하고 출력도 했지만 여전히 문제가 있습니다.

1. 매출이 늘어나면?
   unsigned int의 범위(약 42억)를 초과하면 오버플로우 문제가 또 발생할 수 있어요.

2. 매출이 줄어들면?
   적자가 나면 총 매출이 음수가 되는 경우가 있는데
   unsigned int는 양수만 입력하므로 음수를 표현하지 못해요.

훨씬 더 큰 수를 입력할 수 있고 음수도 허용하는 변수 타입이 필요하네요.

롱! 롱!

C/C++에는 변수 타입, long long이 있어요. (JAVA에서는 long)
64비트 메모리를 사용하기 때문에 입력할 수 있는 범위는 아래와 같습니다.

> -9,223,372,036,854,775,808
> ~
> 9,223,372,036,854,775,807

무려 -922경 정도부터 +922경까지 입력할 수 있죠.
지구상의 모든 돈을 다 합치면 대략 10경 원이랍니다.
아무리 많이 벌어도 오버플로우가 발생할 일은 없겠죠?
음수도 충분히 입력할 수 있어요.

코드를 개선해 볼까요?

```
long long money_1st = 800000000;
long long money_2nd = 1400000000;
long long money_3rd = 3200000000;
long long total = money_1st + money_2nd
                + money_3rd;
cout << "총 매출 =" << total << endl;
```

출력

총 매출 = 5400000000

무려 54억이 정상적으로 입력되었습니다!

C++에서 제공하는 정수형 변수 타입입니다.

변수타입	비트(바이트)	범위
short	16 (2)	-32,768 ~ +32,767
unsigned short	16 (2)	0 ~ +65,535
int	32 (4)	-2,147,483,648 ~ +2,147,483,647
unsigned int	32 (4)	0 ~ +4,294,967,295
long long	64 (8)	-9,223,372,036,854,775,808 ~ +9,223,372,036,854,775,807
unsigned long long	64 (8)	0 ~ +18,446,744,073,709,551,615

코딩을 하다 보면 int 타입을 가장 많이 사용하지만
사람의 키를 입력할 때는 short 타입으로도 충분하죠.
아주 큰 수를 계산해야 한다면 long long 타입을 사용하고요.

이렇듯 개발자들은 다루는 숫자의 크기에 따라 적절한 변수 타입을 선택합니다.
불필요하게 메모리 공간을 낭비하지 않기 위해서지요.

주의할 점이 하나 있어요.
C/C++의 int 타입은 크기가 정해져 있지 않아요.
보통 32비트지만 개발 환경에 따라 16비트일 수도 있거든요.

우리는 C/C++이나 다른 언어를 사용할 때도
변수들이 사용하는 메모리의 크기, 그에 따른 숫자의 범위를
꼼꼼하게 확인하며 코딩을 해야 합니다.

31

개발자 이야기

2의 보수를 최초로 제안한 인물은?

- 2의 보수, 머리가 아팠죠?
- 폰 노이만
- 천재 중의 천재
- 에니악 프로젝트
- 에드박의 보고서 최초 초안
- "2의 보수를 사용합시다!"
- 프로그램 내장 방식
- 묻지도 따지지도 말고 2의 보수!
- 약간의 논란

2의 보수, 머리가 아팠죠?

2의 보수를 이해하느라
머리가 지끈지끈 아팠죠?

2의 보수를 이해하는 것만도 이렇게 어려운데
대체 누가 처음 컴퓨터에
2의 보수를 사용하자고 제안했을까요?

폰 노이만

2의 보수로 음수를 표현하자고 제안한 인물은 바로
천재 중의 천재라 불리는 폰 노이만입니다.

천재 중의 천재

폰 노이만은
6살에 8자리 나눗셈을 암산하고
8살 때는 미적분학을 이해했다고 해요.
19살에는 두 개의 수학 논문을 발표합니다.

경제학자, 컴퓨터과학자, 수학자,
과학자로서 양자역학, 함수해석학,
집합론, 위상수학, 컴퓨터과학,
수치해석, 경제학, 통계학 등
다양한 분야에서 업적을 남겼어요.

또한 2차 세계 대전 당시
미국의 핵무기 개발을 위한
맨해튼 프로젝트에 참여했습니다.

John von Neumann (1903~1957)

에니악 프로젝트

폰 노이만은 최초의 범용 컴퓨터로 알려진 에니악ENIAC 프로젝트에
자문으로 참여했어요. 이때 에니악의 단점을 경험합니다.

에니악은 실행할 프로그램을 변경하려면
수많은 스위치와 케이블을 직접 조작해야 했어요. 이 작업은 매우 복잡해서
몇 주가 걸리기도 했죠.

에드박의 보고서 최초 초안

1944년 에니악을 개발한
존 모클리와 프레스퍼 에커트는
에니악보다 뛰어난 에드박EDVAC을 설계해요.

폰 노이만은 에드박의 설계도를 기초로
논문 초안을 작성합니다. (1945년)

이 논문이 바로 그 유명한
"에드박의 보고서 최초 초안
First Draft of a Report on the EDVAC"이에요.

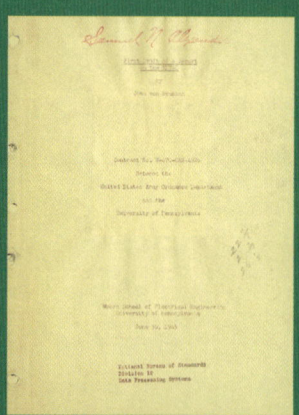

출처 : 위키피디아

"2의 보수를 사용합시다!"

이 논문과 공동 저자 중 한 명으로 참여한 후속 논문(1946년)을 통해
폰 노이만은 이진수와 2의 보수를 컴퓨터에 도입한 모델을 처음 제시했어요.
논문이 유명해지면서 컴퓨터를 폰 노이만 기계라고 부를 정도가 되었죠.

* 후속 논문: Preliminary Discussion of the Logical Design of an Electronic Computing Instrument

프로그램 내장 방식

또한 메모리에 명령어와 데이터를 저장하는
프로그램 내장 방식stored-program computer을 소개했습니다.

입력 장치, CPU(제어, 연산), 메모리, 출력 장치로 구성되는
현대식 컴퓨터의 구조가 처음 등장해요.

프로그램을 실행하려면 스위치와 케이블을 직접 조작해야 했던 에니악과 달리
우리가 현재 사용하는 컴퓨터처럼 프로그램을 컴퓨터 내부에 넣어
실행하는 방식이지요.

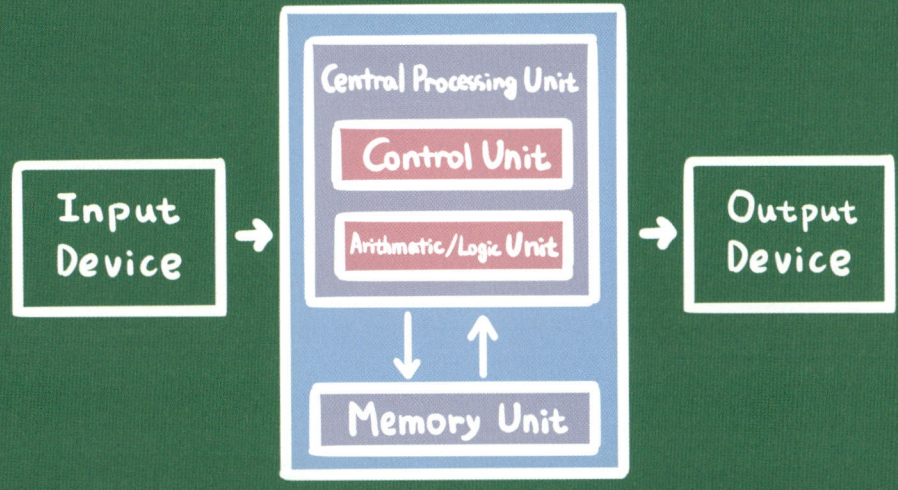

묻지도 따지지도 말고 2의 보수!

이전 컴퓨터들은 부호-크기 표현법이나 1의 보수로 음수를 표현했었는데 1964년 IBM에서 개발한 The System/360에서 2의 보수를 처음 도입합니다.

이 컴퓨터가 널리 인기를 끌면서 2의 보수 역시 널리 퍼지게 됩니다.

* The System/360의 CPU   출처: 위키피디아

약간의 논란

이 유명한 논문 덕에 폰 노이만이 현대 컴퓨터의 구조를 창시한 인물로 알려져 있는데요.

사실 이 논문은 에드박의 설계도를 기초로 한 것이라
(에드박의 설계자는 존 모클리와 프레스퍼 에커트)
폰 노이만이 단독으로 공을 가져가는 것에 대해서는
약간의 논란이 있습니다.

그렇긴 하지만, 폰 노이만이 현대 컴퓨터의 탄생에
지대한 공을 세운 인물임에는 변함이 없답니다!

2^5

개발자 이야기

강남스타일 조회수가 음수라고?

feat. 오버플로우 사례 #1

- 오빤 강남스타일
- 조회수 21억?
- 조회수 922경?
- 구글의 장난이었다고?

오빤 강남스타일

미국 시간 기준으로 2014년 12월 1일 가수 싸이PSY의 강남스타일 뮤직비디오 조회수가 음수로 표기되는 일이 일어났어요.

이날, Google+(2019년 서비스 종료된 SNS)에 공지글이 올라옵니다.

"We never thought a video would be watched in numbers greater than a 32-bit integer (=2,147,483,647 views), but that was before we met PSY."

* 번역: 우리는 한 영상의 조회수가 32비트 정수형의 범위(=2,147,483,647회)를 넘을 것이라고 전혀 예상하지 못했습니다. 싸이가 등장하기 전이었거든요.

조회수 21억?

2005년 유튜브를 개발하던 당시에는 조회수를 담을 변수의 타입을 부호가 있는 32비트 정수형32 bit signed integer type으로 사용했습니다. 당시에는 한 영상이 21억 뷰 이상 나온다는 것을 상상하기 힘들었겠죠.

9년 후, 강남스타일의 조회수가 21억을 훌쩍 넘으면서 정수형 오버플로우 문제가 발생한 것입니다.

구글은 32비트 정수형을 64비트 정수형으로 업그레이드했다고 발표했습니다.

"Gangnam Style has been viewed so many times we had to upgrade to a 64-bit integer (9,223,372,036,854,775,808)!"

* 번역: 강남스타일의 조회수가 너무 많이 나와서 우리는 64비트 정수형으로 (9,223,372,036,854,775,808회) (→ 약 922경 회) 업그레이드해야만 했습니다!

* 64비트 정수의 양수는 최대 9,223,372,036,854,775,807까지 입력 가능합니다. 구글 직원의 작은 실수로 9,223,372,036,854,775,808 이라고 글을 올렸어요.

조회수 922경?

그 후로 10년이 지나 이제는 100억 뷰가 넘는 영상도 있지만

922경을 넘는 것은 불가능하죠.
(아직까지는요!)

구글의 장난이었다고?

강남스타일 조회수 문제가 발생하고 4일 후, 유튜브 관계자는

"모든 것은 장난이었다.
우리는 몇 달 전에 이미 64비트로 업그레이드를 했다."

라고 밝혔습니다.

결국 오버플로우를 이용한 구글의 재미난 장난이었답니다.

33

개발자 이야기

2038년에 문제가 터진다고?
feat. 오버플로우 사례 #2

- 그날이 오고 있다
- 유닉스 타임스탬프란?
- 메시의 월드컵 우승 순간
- 2038년 문제
- 날짜가 거꾸로 흘러요
- 무슨 일이 벌어질까요?
- 미래를 대비합시다
- 꺼진 불도 다시 보자

그날이 오고 있다

UTC(협정 세계시) 기준 2038년 1월 19일 3시 14분 7초에서 딱 1초 뒤, 32비트 타임스탬프Timestamp를 사용하는 모든 컴퓨터에서 오버플로우 문제가 발생합니다.

이를 2038년 문제Year 2038 Problem라고 하죠. 무슨 일이 일어나는 걸까요?

유닉스 타임스탬프란?

유닉스 타임스탬프란
(UTC 기준) 1970년 1월 1일 0시 0분 0초부터 경과한 시간을 초 단위로 나타낸 수입니다.

0초 1초 2초 … …1671386045초

1970년 1월 1일
0시 0분 UTC+0

2022년 12월 18일
17시 54분 05초 UTC+0

메시의 월드컵 우승 순간

2022년 월드컵에서 승부차기 끝에 메시가 이끄는 아르헨티나가 프랑스를 꺾고
36년 만에 우승을 차지했죠.

마지막 슛이 들어간 순간의 시각입니다.
2022-12-18 17:54:05 UTC+0

유닉스 타임스탬프 값은 얼마일까요?

메시가 우승한 시점의 타임스탬프
1671386045

0
1970년 1월 1일
0시 0분 UTC+0

2022년 12월 18일
17시 54분 05초 UTC+0

2038년 문제

"2038년 문제"는 타임스탬프 값을 저장하기 위해
32비트 부호가 있는 정수형 타입을 사용했기 때문에 발생합니다.

2038년 1월 19일 3시 14분 7초에 해당하는 타임스탬프는 2,147,483,647입니다.
32비트 부호가 있는 정수형 타입의 최댓값이죠.
여기서 1초만 지나면 정수형 오버플로우가 발생합니다.

* 2038년 문제는 the Unix Millennium Bug, Y2038, Y2K38, Y2K38 Superbug, the Epochalypse 등으로도 불려요.

날짜가 거꾸로 흘러요

2,147,483,647에 1을 더하면 32비트 이진수 형태는 아래와 같습니다.

1000 0000 0000 0000 0000 0000 0000 0000

10진수로는 −2,147,483,648이죠.
그러면 날짜는 기준이 되는 1970년에서 거꾸로 흘러갑니다.
즉, 컴퓨터는 시간을 1901년 12월 13일 20:45:52 UTC+0으로 인식해요.

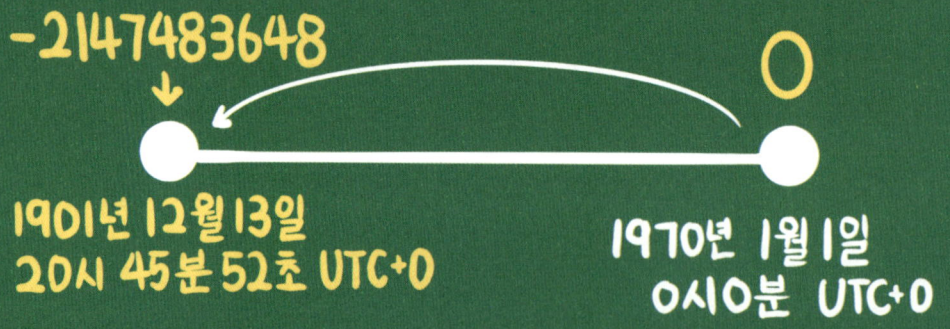

무슨 일이 벌어질까요?

32비트 타임스탬프 값을 사용하는 모든 컴퓨터, 온라인 서비스, 각종 기기 등에서 크고 작은 문제가 발생할 거예요.

시간이 잘못 표시되는 작은 문제부터 시간값을 계산 결과에 포함시키는 통계, 데이터 분석 오류가 예상됩니다.

또한 네트워크 보안을 위해 시간값이 사용되는 경우 서비스 접근이 불가능해지죠.
더 이상 유지 보수가 불가능한 오래된 기기는 먹통이 될 수도 있고요.

미래를 대비합시다

2038년 문제는 분야에 따라 심각한 문제가 발생할 수도 있어요.
금융, 헬스케어, 운송 서비스 등 사용자의 돈, 재화, 건강과 연관된 서비스들은
특히 이 문제를 잘 대비해야 합니다.

깨진 불도 다시 보자

다행히 오늘날 대부분의 시스템은 64비트 타임스탬프로 업그레이드했어요.

우리가 새로운 소프트웨어를 만들 때 64비트 타임스탬프를 사용하고 있는지
확인만 한다면 이 문제를 쉽게 피해갈 수 있죠.

하지만 관리가 잘 안 되고 있는
코드들이 있다면
32비트 타임스탬프를 사용하고 있는 건 아닌지
한번 확인해 봐야 합니다!

34

모든 지구인에게 똑같은 시간, 유닉스 타임스탬프

- 유닉스 타임스탬프의 시작
- 에포크
- "에포크 타임"은 애매해요
- 타임스탬프는 간단해요
- 타임스탬프 활용 1: 시간 기록
- 타임스탬프 활용 2: 시간 계산
- 타임스탬프는 정말 많이 사용합니다

유닉스 타임스탬프의 시작

유닉스는 1971년 공개된 운영 체제입니다. (우리에게 익숙한 운영 체제는 윈도우, macOS죠.)

유닉스를 개발할 당시, 날짜와 시간을 다루는 편리한 방법을 찾기 위해 고민했어요.
"2038년 1월 19일 3시 14분 7초" 같은 방식보다
컴퓨터에 저장하기 편리한 방법이 필요했죠.

고민 끝에 유닉스 타임스탬프Unix Timestamp가 탄생합니다.

에포크

유닉스 타임스탬프는 아래와 같이 다양하게 불러요.

> Unix timestamp , UNIX Epoch time,
> Unix time , POSIX time

에포크epoch의 사전적 의미는 "시대"입니다. 타임스탬프를 이야기할 때 에포크란, "시간 측정을 위해 기준으로 정한 특정 시점"이에요.

유닉스 타임스탬프의 에포크는 1970년 1월 1일 0시 0분 0초 UTC입니다.

* 처음에는 유닉스가 세상에 공개된 1971년을 기준으로 했으나 계산의 편의를 위해 1970년으로 변경했어요.

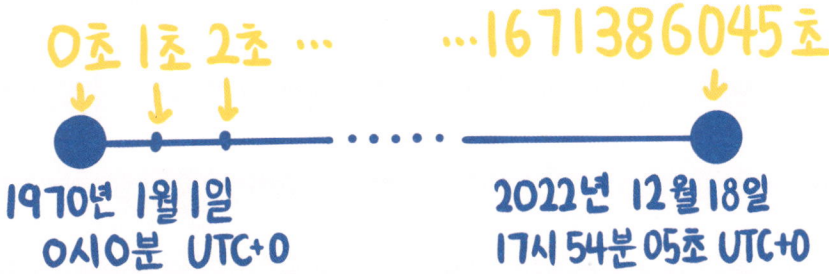

"에포크 타임"은 애매해요

유닉스 타임스탬프를 짧게 "에포크 타임Epoch time"이라 부르기도 하는데 이는 모호한 표현입니다.

세상에는 다양한 타임스탬프와 그에 따른 에포크들이 존재하거든요.

> 서버들 간의 시간을 동기화하기 위한
> 네트워크 타임 프로토콜Network Time Protocol, NTP의 에포크는
> 1900년 1월 1일 0시 0분 UTC입니다.
>
> 아이폰과 맥북을 위한 앱을 개발할 때 사용하는
> Apple Cocoa Core Data timestamp의 에포크는
> 2001년 1월 1일 0시 0분 0초 UTC입니다.

* 프로토콜Protocol : 정보를 주고받을 때 어떤 형태로 주고받을지 정해놓은 규칙(규약)을 뜻해요. 간단한 예로, 고객 정보를 전달할 때 "이름-나이-전화번호" 순서로 보내겠다 약속하는 거죠.

타임스탬프는 간단해요

복잡하게 년월일 등을 고려할 필요 없이 초 단위 하나로만 저장하고 사용하니까요.

또한 어디에 있든지 같은 시간을 공유할 수 있죠.

한국에 있는 코린이와 영국에 있는 헨리는 타임스탬프가 100초일 때 밥을 먹었어요.

헨리에게 몇 시에 밥 먹었어? 라고 물어보면 100초에 먹었어. 라고 하겠죠?
코린이도 역시 나도 100초!
별도의 시간 계산 없이도 헨리와 코린이가 동시에 밥을 먹었다는 걸 알 수 있어요.

이렇게 지구의 어느 위치에서나 하나의 시간값으로 이야기할 수 있습니다.

타임스탬프 활용 1: 시간 기록

우리가 웹사이트에 글을 작성하면
서버에서는 작성한 시점의 타임스탬프 값을 저장합니다.
그리고 그 글을 읽는 사람들에게 년월일시로 변경해서 보여주는 것이죠.

타임스탬프 활용 2: 시간 계산

인스타그램은 댓글을 작성한 시간을 독특하게 보여줍니다.
아래 그림처럼 작성한 지 몇 시간, 며칠 또는 몇 주가 지났는지를 표기해 주죠.

타임스탬프를 사용하면 이 계산을 쉽게 할 수 있어요.

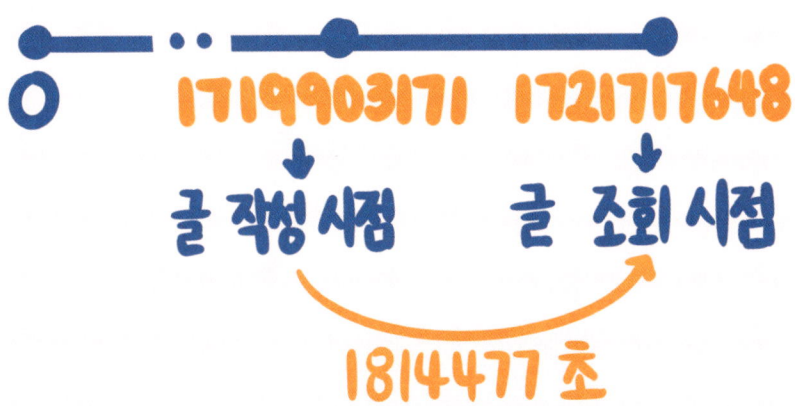

글을 작성한 지 1814477초가 지났네요!

일주일은 604800초입니다.
1814477초를 604800초로 나누면 3.0001…이에요.

약 3주가 흐른 거죠.
인스타는 이런 식으로 날짜를 보여줍니다.

타임스탬프는 정말 많이 사용합니다

특히 인터넷을 이용하는 서비스를 운영할 때는
여러 사건에 대한 시간을 기록해야 하죠.
또한, 내가 작성한 코드가 실행되는 데 걸리는 시간을 체크할 때도 사용해요.

정말 다양하게 쓰이는 타임스탬프에 대해 알아봤습니다!

마치며

아빠와 아들의 코딩 이야기

이 책은 9살 아들로부터 시작되었습니다.

아빠를 닮아 컴퓨터를 좋아하는 녀석이 코딩에 관심를 보이기에
조금씩 가르쳐주기 시작한 게 그 무렵이에요.

아들의 첫 작품은 1부터 10까지 출력하는 프로그램이었습니다.
실행 버튼을 누르면 화면에 1부터 10까지 차례로 나타났지요.
아들은 아주 의기양양하여
담임 선생님께 보여드리기도 했죠.

그 후로도 가끔 아빠에게 컴퓨터와 코딩 수업을 받았습니다.
학기 중에는 학교도 가고 방과 후에 놀기도 해야 하니 시간이 없고, 주로 방학 때
한번씩 배웠어요.

그렇게 6개월 또는 1년에 한번씩
드문드문 코딩 수업을 이어가던 녀석은
이제 6학년 형아가 되었습니다.

그리고 이것이 아들이 지난 겨울 방학에 완성한 프로그램이에요.

**음악을 좋아하는 아들은
다양한 음계Scale를 검색할 수 있는 프로그램을 만들었습니다.**

**몇 년간 끄적끄적 코딩을 하더니,
이젠 제법 복잡한 프로그램을 만들어내는 꼬마 개발자가 되었네요.**

**그리고 몇 년간 꼬마를 가르치던 아빠는
아들에게 들려주던 이야기를 모아 책을 만들었습니다.**

이것이 방구석 컴싸가 세상에 나오게 된 이야기입니다.
2학년 초등학생이 꼬마 개발자가 되기까지
여기 풀어놓은 컴퓨터 이야기들이 많은 도움이 되었답니다.

어린이도 청소년도 비전공자로 코딩에 입문하신 분들도,
저의 방구석에 놀러와 주신 모든 분들께 진심으로 감사드립니다.

이 책을 통해 코딩을 배우는 길이 한층 즐겁고 재미있어지기를
그래서 상상으로 그려보던 아이디어를 코딩으로 구현해 내는 신나는 경험을
꼭 하시기를

마음을 다해 응원합니다.

— 피키대디

출처

William Shockley, Stanford University.jpg
https://commons.wikimedia.org/wiki/File:William_Shockley,_Stanford_University.jpg

Walter H. Brattain
https://en.wikipedia.org/wiki/Walter_Houser_Brattain#/media/File:Brattain.jpg

John Bardeen
https://en.wikipedia.org/wiki/John_Bardeen#/media/File:Bardeen.jpg

Convert DOC to PNG - Purchased 500 credits.
https://cloudconvert.com/docx-to-png

FREE BARCODE GENERATOR
https://www.cognex.com/resources/interactive-tools/free-barcode-generator

ASCII ART Generator - MIT License Copyright (c) 2020 Herman Schechkin
https://ascii-generator.site

24bit RGB palette - Creative Commons Attribution-Share Alike 2.5 Generic license
https://commons.wikimedia.org/wiki/File:16777216colors.png

JDoodle - Permission was granted to use the logo and screenshots.
https://www.jdoodle.com/

WORD ART - Purchased credits.
https://wordart.com

First Draft of a Report on the EDVAC Title Page - The public domain in the United States.
https://commons.wikimedia.org/wiki/File:Firstdraftofrepo00vonn_0003.jpg

John von Neumann - This image comes from Los Alamos National Laboratory
https://commons.wikimedia.org/wiki/Category:John_von_Neumann
https://about.lanl.gov/lanl-resources/
Unless otherwise indicated, this information has been authored by an employee or employees of the Los Alamos National Security, LLC (LANS), operator of the Los Alamos National Laboratory under Contract No. DE-AC52-06NA25396 with the U.S. Department of Energy. The U.S. Government has rights to use, reproduce, and distribute this information. The public may copy and use this information without charge, provided that this Notice and any statement of authorship are reproduced on all copies. Neither the Government nor LANS makes any warranty, express or implied, or assumes any liability or responsibility for the use of this information.

IBM System 360/30 - Creative Commons Attribution-Share Alike 3.0 Unported license.
https://commons.wikimedia.org/wiki/File:IBM_System_360_model_30_profile.agr.jpg

찾아보기

ㄱ
공백 문자 • 41

ㄷ
데이터 타입 • 47

ㄹ
리터럴 상수 • 51

ㅁ
머신 코드 • 11
메모리칩 • 30
문자 코드표 • 33

ㅂ
바이트 • 46
변수 • 47
변수의 활용 • 85
보수 • 109
부호-크기 표현법 • 106
비트 • 30

ㅅ
상수 • 50
스위프트 • 97
십진법 • 14
십진수 • 14

ㅇ
아스키코드 • 37
아스키코드표 • 38
아스키 아트 • 42
에니악 프로젝트 • 146
에드박의 보고서 최초 초안 • 146
에포크 • 159
연산자 • 48
오버플로우 • 135
온라인 코딩 • 90
월터 브래튼 • 22
윌리엄 쇼클리 • 22
유니코드 • 39
유닉스 타임스탬프 • 154, 159
이진법 • 17
이진수 • 17
이진수와 십진수 비교 • 19
이진수의 경우의 수 • 27

ㅈ
자바 • 97
자바스크립트 • 98
정수형 변수 타입 • 142
정수형 오버플로우 • 135
존 바딘 • 22

ㅋ
코틀린 • 97

ㅌ
트랜지스터 • 22

ㅍ
파이썬 • 97
폰 노이만 • 145
프로그래밍 언어 • 96
픽셀 • 62

A ~ Z
C/C++ • 99
C# • 98
GO(Golang) • 98
int • 47
integer • 47
JDoodle • 90
long long • 140

RGB 색상 모델 • 65, 69
RGB24 • 65
RGB32 • 71
w3school • 67

1 ~ 9
1의 보수 • 116, 118
1의 보수의 단점 • 120
16진법 • 74
16진수 • 74
16진수와 이진수, 십진수 비교 • 75
16진수와 이진수의 변환 • 76
16진수의 사용 • 79, 82
2의 보수 • 124
2의 보수 구하는 법 • 124, 129
2038년 문제 • 154
32 규칙 • 43

방구석 컴싸 1

초판 1쇄 인쇄	2024년 9월 20일
초판 1쇄 발행	2024년 9월 25일
글·그림	피키대디
디자인	페이퍼컷 장상호
펴낸곳	생각사탕
펴낸이	김보경
출판등록	2022년 5월 10일 제652-2022-000025호
주소	제주 서귀포시 안덕면 화순중앙로 12번길 39
전화	070-4554-5133
팩스	0504-089-0920
이메일	bokyungkim.kr@gmail.com
홈페이지	cs.pikidaddy.com
인스타그램	@myroom_cs

ISBN 979-11-988253-0-8 03500

ⓒ생각사탕, 2024
책 내용의 무단 전제와 복제를 금합니다.

· 책값은 뒤표지에 적혀 있습니다.
· 잘못된 책은 구입하신 곳에서 바꾸어 드립니다.